8° L

L'INVASION A POLIGNY

Janvier-Avril 1871

ET

L'Attentat de Poligny et M. de Bismarck

2 Août 1871

Par M. Ch. BAILLE

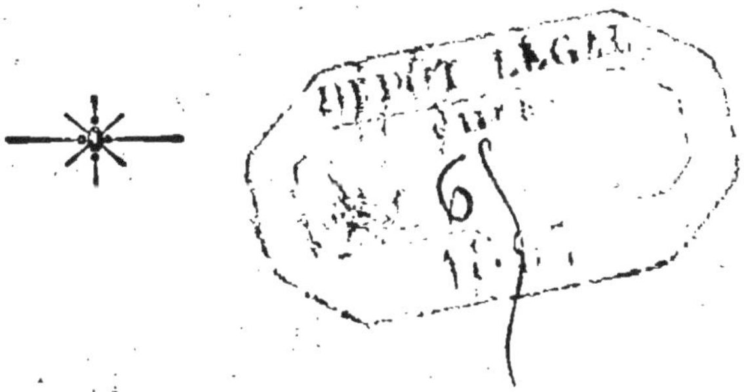

PARIS
H. CHAMPION, ÉDITEUR-LIBRAIRE
9, Quai Voltaire, 9

1897

L'INVASION A POLIGNY

Janvier-Avril 1871

ET

L'Attentat de Poligny et M. de Bismarck

2 Août 1871

Par M. CH. BAILLE

PARIS
H. CHAMPION, ÉDITEUR-LIBRAIRE
9, Quai Voltaire, 9

1897

AVANT-PROPOS

En août 1896, je publiais, dans les *Annales Franc-Comtoises*, la relation de l'attentat de Poligny (2 août 1871), aux péripéties duquel les fonctions de juge de paix, que j'exerçais alors, m'avaient activement mêlé. Cet attentat, pour avoir été l'épisode le plus dramatique de l'invasion à Poligny, n'en était pas le seul. Il n'y a pas, en effet, de ville en Franche-Comté qui ait eu à supporter la série des menaces, des exactions, des violences qu'a comportée pour nous le joug du

Prussien pendant les quatre mois que nous l'avons subi.

Ce sont les souvenirs de ces épreuves que, de différents côtés, on m'a exprimé avec insistance le désir de me voir consigner ; ces souvenirs, en effet, remontant déjà à vingt-six ans, couraient le risque de ne plus pouvoir être reconstitués.

J'étais parfaitement en mesure de répondre à ce *desideratum*. En décembre 1870, mon beau-frère, ayant dû rejoindre sa famille à Neufchâtel, où son fils était atteint de fièvre typhoïde du caractère le plus grave, je m'étais fait une obligation d'écrire pour lui, au jour le jour, la relation des évènements que nous allions traverser. Ces lettres, qui avaient été conservées, m'ont été rendues et je les ai récemment publiées dans la *Revue viticole de Franche-Comté,* me faisant un scrupule de les reproduire telles qu'elles avaient été écrites sous l'impression toute vive des évènements, avec les illusions, les erreurs et les vivacités que rendaient inévitables cette émotion et l'isolement auquel nous étions réduits.

Une éminente personnalité, que rien de ce qui se rattache à notre histoire ne laisse indifférente, a pensé qu'il n'était ni sans intérêt pour cette histoire, ni sans enseignement pour les générations nouvelles de réunir en un seul fascicule ces souvenirs épars de notre année terrible.

C'est à cette généreuse initiative qu'est due la présente publication.

C. B.

Août 1897.

L'INVASION A POLIGNY

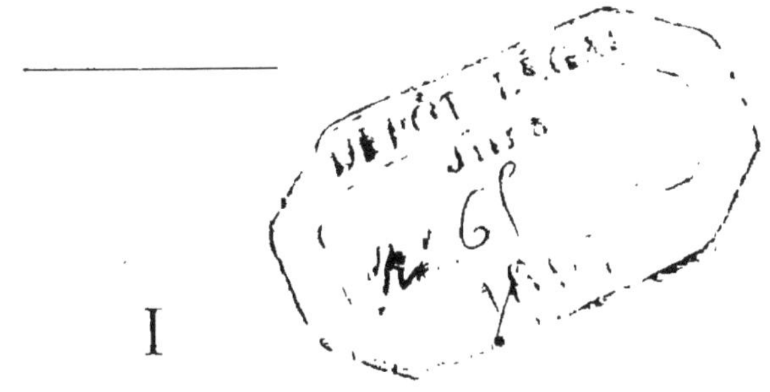

I

Poligny, 21 Janvier 1871.

Je doute, mon cher Léon, que vous ayez reçu notre dernière lettre, les communications ayant été interrompues par les obligations de la défense et il se pourrait bien que, d'ici à quelques jours, elles le fussent par l'invasion. Ce sera le blocus, mais d'autant plus pénible pour nous qu'il va perpétuer indéfiniment l'inquiétude si douloureuse où nous laisse l'état de votre pauvre Marcel.

Autant pour vous tenir informé et vous alléger le mal du pays que pour conserver un souvenir précis des épreuves que nous allons traverser, je consignerai chaque soir la relation des évènements de la journée, relation que je vous transmettrai au fur et à mesure que j'en trouverai l'occasion, si je la trouve !

J'ai été aujourd'hui à pied pour des scellés à Besain. Depuis chez Lolo, nous avons entendu distinctement la canonnade dans la direction de Dole. Nous sommes sans nouvelles, on dit Bourbaki en retraite sur Besançon, cette retraite lui serait coupée sur le Jura par un corps d'armée détaché de Paris et dont l'avant-garde serait arrivée aujourd'hui à Dole. Nous espérions n'avoir l'invasion que par Werder à la poursuite de Bourbaki ; nous espérions encore que, peut-être avant que nous fussions atteints, la paix serait faite... Il n'y a plus qu'à se résigner. Mais à quoi peut se rattacher la pensée pour avoir un peu de réconfort ! la ruine ici, la misère avec ses conséquences ; Marcel mourant là-bas ; mes frères bombardés à Besançon, leurs propriétés et les vôtres anéanties... Les jugements de Dieu sont impénétrables.

Dimanche 22 Janvier.

C'était bien à Dole que se tirait le canon hier; une dépêche de l'administrateur du Jura nous annonce que Dole a été occupée après un bombardement de quelques heures. Il prescrit des reconnaissances sur tous les points menacés et aux gardes nationales de toutes les communes de se tenir en communication permanente de manière à connaître tous les mouvements de l'ennemi.

Ces satrapes sont vraiment légendaires ! qu'ils s'appellent Beauregard, Saint-Priest ou modestement Trouillebert, ils croient aussi ferme les uns que les autres à leur infaillibilité. C'est une grâce d'état. Ainsi, le Trouillebert décrète que la garde nationale soit et la garde nationale doit être. Or, elle n'est à aucun titre. Ces malheureux soldats-citoyens sont armés, d'il y a trois semaines, avec des flingots rouillés, ramassés dans les fossés des routes de la Haute-Saône ; nulle instruction militaire, ce à quoi on peut suppléer au besoin ; mais rien de ce qui fait la vertu du soldat et le nerf d'une force armée, c'est-à-dire la discipline, la cohésion, l'unité d'âme et de volonté amenant sous la main d'un chef aveuglément obéi l'unité de l'élan et de l'effort. Si pareille cohue était conduite à pareil ennemi, quelle que soit la valeur des hommes pris individuellement, ce serait un désastre.

Je vous parlais tout-à-l'heure de grâces d'état ; il y en a vraiment pour ceux qui se trouvent sous le coup d'un danger imminent ; à mesure que ce danger se rapproche, il perd de son épouvante et je m'étonne de n'avoir pas à me raisonner pour me trouver calme.

Lundi 23 Janvier.

Voici la débâcle qui commence : Poligny est traversé par des nuées de soldats débandés de toutes armes, souillés, déchirés, se traînant sur Lons-le-Saunier, quelques-uns ivres. Ce sont des fuyards. Pour essayer de se justifier et attraper quelques verres de vin, ils calomnient leurs chefs, racontent les choses les plus invraisemblablement alarmantes sur l'armée de l'Est ; cette armée serait détruite, Bourbaki en fuite, quelle honte et quelle misère ! Le général Roland n'aurait pas voulu entamer le moral de sa garnison par le contact de toute cette vermine qu'il aurait détournée de Besançon sur Lons-le-Saunier. Cette débandade est rendue plus confuse et plus tumultueuse encore par le retour de tous les chariots qui avaient été réquisitionnés jusque du côté de Lyon pour le service de l'armée de l'Est. Rien ne nous menace plus directement jusqu'ici. On dit que des uhlans ont été aperçus à Tassenières.

Même jour, minuit.

A six heures ce soir on a battu la générale, l'ennemi avait occupé Mont-sous-Vaudrey et la garde nationale de Poligny doit se porter en avant d'Aumont et garder le passage. C'était la foire aujourd'hui, rien n'a moins ressemblé à une foire, on sentait l'ennemi trop près ; mais ce n'en était pas moins la foire et il y avait obligation de goûter au vin nouveau. Or, vous savez ce qu'est le vin nouveau cette année, pas de cervelle qui y puisse résister. La garde nationale devait être réunie devant l'Hôtel de Ville à neuf heures du soir : quelle cohue, quel brouhaha ! les hommes demandent des cartouches, on leur en donne. On charge les fusils, bien des balles heureusement se trouveront au fond des canons et la poudre dessus. Trois coups de fusil partent en l'air contre les maisons. Enfin les voilà partis, chantant la *Marseillaise*.

Je fais en courant le tour des ambulances : le Saint-Esprit, le Collège, la Sous-Préfecture, pour faire évacuer sur Lons-le-Saunier les malades et les blessés dont l'armée de l'Est nous a encombrés depuis quelques jours. C'est absurde et odieux, mais c'est l'ordre de l'intendance. Le Maire Ligier, en m'annonçant cette mesure et en me demandant de l'aider à l'exécuter, a eu un moment de défaillance, la voix lui a manqué et il n'a pu s'empêcher de pleurer. Les malheureux à qui j'annonce qu'ils vont partir sont désespérés ; ils préféreraient mille fois rester ici, malgré le danger, que d'aller agoniser et mourir de froid et de misère sur un chariot, mais il faut partir !

Ma douloureuse besogne achevée, je viens rendre compte au Maire et nous restons à causer jusqu'à une heure du matin. Sous ses dehors bon enfant et un peu gouailleurs, M. Ligier est plein de cœur au fond, nous nous sommes mutuellement relevé l'âme et nous ne pensions guère à ce moment-là, je vous assure, à nos divergences de vue sur la réorganisation du pays. Pour réorganiser le pays, il faut qu'il vive et pour le faire vivre nous sommes tous prêts à tout.

Mardi 24.

L'expédition d'hier a eu le résultat qu'on pouvait prévoir ; une colonne dans de pareilles conditions devait fatalement se débander, et ne parvenir qu'avec un bien faible contingent à destination.

Vers deux heures du matin, un bruit s'étant fait

entendre à peu de distance, bruit qu'on a supposé être celui d'une escouade qui s'avançait, les gardes nationaux se sont jetés dans le fourré qui bordait la route. Bertin, le maître de l'hôtel du *Grand Cerf*, ayant voulu se servir de son fusil pour sauter le fossé, le coup est parti, la balle l'a atteint sous le menton et l'a tué roide ; on vient d'emmener sa femme, qui est sur le point d'accoucher, pour qu'elle n'ait pas le spectacle de son mari ramené sur un chariot de paille. Lamy, le brasseur, qui commandait la colonne, a été très crâne ; il s'est constamment tenu à la tête de ses éclaireurs, il était accompagné de Drosne, l'inspecteur des forêts, et de Maillet, le percepteur.

Rien à signaler aujourd'hui, si ce n'est le sentiment qui s'impose à tous de l'absolue impossibilité de la résistance. Chacun comprend, et la municipalité autant que chacun, que ce serait une folie de risquer l'existence d'une ville de six mille âmes pour l'étrange point d'honneur d'opposer à toute une armée, des plus puissamment organisées, un pauvre bataillon de garde nationale dont chaque homme individuellement, je le répète, est à coup sûr très brave, mais qui, en masse, n'a rien d'une force armée. Cette inutilité de la résistance partielle est, du reste, si bien démontrée que la gendarmerie, qui aurait été un appoint pour la garde nationale, a ordre de se replier sur Lons-le-Saunier à la première menace d'invasion.

Une de nos plaies les plus agaçantes, et que je ne vous ai pas encore signalée, c'est la manie, à laquelle nos patriotes sont en proie, de voir des espions partout. Je vous demande un peu s'il faudrait que les Prussiens fussent naïfs pour se donner le luxe de nous faire espionner. Ils savent pertinemment à quoi s'en tenir sur les moyens de résistance de la région ; quant à savoir ce que pensent nos fortes têtes, ils ont d'autres soucis. Il ne se passe cependant pas de jours que, dans un café quelconque de la ville, on ne croie mettre la main sur un agent de M. de Bismarck. On me l'amène sous bonne escorte, et cinq minutes d'interrogatoire me suffisent à établir que le prétendu espion n'est qu'une gouape imbécile, un rossart de soldat débandé qui a raconté des folies au cabaret dans l'espoir d'épater les consommateurs et de se faire abreuver à l'*œil*. Le Maire, sur mon insistance, a interdit cette chasse à l'espion ; nous avons meilleur emploi à faire de notre temps que de nous prêter à ces innocentes battues.

Mercredi 25 Janvier 1871.

25 Janvier 1871 ! Voilà une date dont Poligny

devra se souvenir pour ne plus être aussi fier de ses héroïques résistances de 1638 !

Ce matin, le maréchal des logis de gendarmerie est venu m'affirmer que nous pouvions être rassurés ; l'ennemi ne faisait pas de mouvements de notre côté, en tous cas les mesures les mieux organisées étaient prises pour que nous fussions informés à temps utile en cas de danger. Le maréchal des logis sortait lorsque entra le facteur, que je n'avais pas vu depuis plusieurs jours ; il m'apportait un numéro du *Journal de Genève*, sans doute un numéro égaré. Je ne l'en dévore pas moins de la première à la dernière ligne, puis je descends à la cave pour faire vaquer à quelque menue besogne. J'y étais à peine, il était onze heures un quart, lorsque je m'entends appeler avec fracas par la bonne : « Monsieur, les Prussiens, les Prussiens ! » Je remonte quatre à quatre et me précipite dans la rue. On aurait dit qu'un violent vent d'orage chassait tout du bas de la ville au dessus. Des femmes tenant leurs enfants dans leurs bras couraient affolées, des chariots remontaient au triple galop ; un malheureux gendarme qui, dans sa précipitation, avait mal sanglé son cheval, tournait sur sa selle et ne pouvait avancer. Il m'appela à son secours ; je serrai énergiquement sa sangle et il partit au galop. A onze heures et demie précises, je vis apparaître au bas de la Grande-Rue les dragons prussiens : ils étaient une vingtaine. Arrivés en face de la maison de Paillard, le ferblantier, ils tournèrent bride et ne reparurent pas. Cet après-midi, je suis allé jusqu'à Tourmont pour avoir des nouvelles. J'ai appris qu'ils étaient en nombre à Mont-sous-Vaudrey, qu'ils avaient fait quelques réquisitions et brisé les armes à Aumont.

A quatre heures, je me rends à une réunion de notables à la Mairie, où le Maire insiste pour qu'il soit procédé sans délai au désarmement de la garde nationale. Il n'a rien moins fallu que de l'intrépidité au Maire pour avoir affronté, en soutenant résolument cette proposition, les cris des partisans de la défense à outrance. Comme ces gaillards-là seraient attrapés si on les prenait au mot ! On s'ajourne à demain, huit heures du matin, pour statuer définitivement.

Jeudi 26 Janvier.

Nous avons été unanimes à décider le désarmement, en raison de l'impossibilité d'une résistance utile par la garde nationale et du danger que des actes d'hostilité isolée pourraient faire courir à la ville. Les gardes nationaux sont invités à déposer au Champ d'Orain leurs armes qui seront immédiatement transportées en lieu sûr.

Ceux qui voudraient résolument se battre devront se faire connaître, ils seront réunis à l'armée active. Tous les fusils sont rentrés et il ne s'est présenté qu'un seul volontaire.

A quatre heures, nous sommes convoqués à la Mairie ; l'adjoint, qui remplace le Maire empêché, nous annonce qu'il vient d'être informé de la prise de possession d'Arbois par l'ennemi. Celui-ci aurait été, s'étant présenté en nombre, accueilli par des coups de fusils de quelques zouaves débandés et embusqués dans les vignes. Les Prussiens s'en seraient autorisés pour prendre la ville d'assaut. Les zouaves, dénoncés par un espion dans leur retraite, auraient été fusillés ainsi qu'un malheureux Arboisien innocent de tout acte d'hostilité. Une vingtaine de maisons auraient été saccagées et trois hommes massacrés. Le procureur de la République, M. Sermage, aurait été maltraité dans sa maison et dévalisé.

Cet exposé terminé, j'ai demandé à l'adjoint quelle garantie de certitude avaient les renseignements si alarmants qu'il venait de nous fournir. — « C'est, m'a-t-il répondu, le bruit pubic. » Je lui ai fait observer qu'il serait imprudent d'affoler la population sur d'aussi incertaines données. Pour couper court, je m'offris à aller moi-même, dès le lendemain, à Arbois et de m'assurer des conditions dans lesquelles l'ennemi s'était emparé de la ville. M. Lamy sortit aussitôt du groupe des notables pour s'offrir à m'accompagner et me conduire dans sa voiture. Le prétexte de notre voyage, que le Maire constatera dans un sauf-conduit, sera un référé au Président du tribunal. M. Lamy passera pour mon greffier.

Vendredi 27 Janvier.

Rien de nouveau ce matin. On affirme que, hier, des hauteurs on a entendu une forte canonnade du côté de Salins. C'est évidemment le siège. Pauvre ville ! là encore j'ai ma sœur avec sept enfants !

A midi, je pars pour Arbois avec M. Lamy en voiture découverte ; il fait un temps noir, une bise glaciale souffle du Sauverdot. Sur la route, on nous dit que nous risquons d'être fusillés aux avant-postes, que, en tous cas, si nous entrons à Arbois, on ne nous en laissera pas sortir..... Nous continuons quand même et voulons en avoir notre cœur clair. A Buvilly, on ne sait rien ; de là-haut, nous voyons Poupet qui a l'air sombre et triste comme le temps. A deux kilomètres d'Arbois, nous sommes étonnés de ne rien rencontrer encore; mais, arrivés au-dessus de la côte, au point d'où l'on découvre la ville, nous apercevons deux immenses feux qui flambent lugubrement dans la *Foule*. Mais toujours pas d'avant-postes. A moitié de la descente sur la ville, les voilà enfin ! C'est dans une baraque de vigneron une fourmilière noire ; puis, plus près de nous, debout de chaque côté de la route dans les vignes, deux sentinelles le fusil armé. Je fais arrêter la voiture et leur demande par signes si nous pouvions passer. Ils font signe que oui et nous entrons dans Arbois. Quelle misère ! ce n'est plus une ville, c'est une caserne allemande ; l'on ne rencontre plus une figure de connaissance, sinon de loin en loin, méconnaissable, atterrée et ne s'arrêtant que pour nous dire : « Ah les gueux, si vous saviez ! » — Enfin, je rencontre Dosmann, à qui je dis le but de mon voyage. — « Vous auriez mieux fait de rester chez vous, nous dit-il, car tout ce qu'on vous a raconté n'est qu'une fable ; ils sont entrés ici brutalement, comme ils font partout, ils nous violentent et nous grugent froidement, lâchement ; c'est écœurant, intolérable, mais il n'y a pas eu et il n'y a pas autre chose. » — Je me préoccupe aussitôt de rentrer ; je m'arrête à l'hôtel Faudot pour demander à un chef, qu'on m'avait désigné, qu'on ne nous laisse pas entrer si on ne doit pas nous laisser sortir. Je le trouve étendu sur un canapé, il me renvoie brutalement sans vouloir me répondre. Un soldat me dit de parler au major. Je m'adresse pour le trouver à un commandant de dragons qui me demande en frappant du pied si je le prends pour un commissionnaire. Deux pas plus loin, je suis arrêté par un autre cerbère à qui je produis le sauf-conduit que m'avait délivré le Maire : « un Maire de la République, voilà le cas que nous en faisons ! » Il déchire le certificat et le foule aux pieds. — Fous êtes chuche te pé, ajoute-t-il, mais ce n'est pas la pé mettenant, c'est la quérre ! » Et il sifflait ce mot quérre ave une rage d'hyène. Il termina en m'annonçant que je sortirais de la ville quand il leur plairait, mais que ce ne serait certainement pas aujourd'hui. —

J'en avais décidément assez d'être turlupiné par ces brutes, j'allais faire dételer et chercher un coin pour passer la nuit, non sans me demander ce que serait cette nuit pour les miens qui ne me verraient pas rentrer, lorsqu'un jeune officier de dragons qui m'avait suivi et qui avait dû être touché, quoique Prussien, des scènes que je venais de subir, m'aborda pour me demander s'il pourrait m'être bon à quelque chose. Lorsque je lui eus exposé ma situation : « Je vais vous en sortir », me dit-il. Nous montâmes en voiture ensemble et il nous reconduisit jusqu'aux avant-postes. Chemin faisant, il m'apprit qu'ils étaient entrés à Salins la veille, après un léger combat et sans s'attaquer aux forts dont ils étaient résolus à ne pas faire le siège.

Ce que nous avions vu et enduré, Lamy et moi, nons avait fait une telle impression, que d'Arbois à Poligny nous n'avons pas articulé deux paroles. J'ai appris à Arbois que de fortes colonnes s'étaient dirigées depuis hier sur la montagne; c'était évidemment un mouvement pour couper la retraite de Bourbaki sur Lyon ; ce sera la fin. Mais, avant cette fin, nous les verrons : avec leur habitude de marcher séparément mais de combattre ensemble, Salins, qui était un passage, restant fermé, évidemment ils prendront par Poligny. D'après ce qu'on m'a dit, ils étaient environ cinq mille à Arbois.

J'ai rendu compte en rentrant de mon expédition à la Mairie et à la Sous-Préfecture. Je n'ai rien à vous dire de M. Bergère que vous ne sachiez; sa qualité sacro-sainte de victime de Décembre l'a fait bombarder de sa pharmacie à la Sous-Préfecture, sans que l'on s'arrêtât à son lamentable état de décrépitude. Le Sous-Préfet effectif est Faulque, son secrétaire; c'est lui qui parle, et c'est Bergère qui fait les gestes de son seul bras valide. Seulement, Faulque manque décidément de mesure et met avec trop de sans-gêne son Sous-Préfet dans sa poche. En public, il dit quelquefois *nous*, mais le plus souvent il dit *moi*.

Le soir lorsque je me suis présenté à la Sous-Préfecture, j'ai avec insistance demandé le Sous-Préfet à Faulque, qui m'a répondu : « Vous pouvez conférer avec moi, c'est tout comme. » Il m'écoute avec une visible préoccupation de dignité renchérie dont je fais semblant de ne pas m'apercevoir. Si ce garçon-là joignait l'instruction et l'éducation qui lui manquent à son intelligence et à son incontestable intrépidité de tempérament, il serait très utilisable.

Samedi 28, minuit.

L'invasion, mon pauvre Léon, l'invasion avec toute ses horreurs, ses menaces, ses brutalités ! Nous couchons cette nuit trente-cinq dans la maison, plus cinq chevaux, et il a fallu nourrir tout ça ! Je suis brisé — et demain et après ? A la garde de Dieu ! Quand pourrai-je vous continuer cette relation et qu'aurai-je à vous raconter ?

Dimanche 29.

Je suis toujours brisé, mon cher Léon, mais comme j'ai un instant et qu'il m'est impossible de dormir, je vais essayer de vous retracer les scènes auxquelles nous avons assisté.

Hier, vers sept heures et demie du matin, j'entends cet affreux cri : « les Prussiens ! » Je m'habille à la hâte et je cours à la Mairie : quelques dragons avaient parcouru, à une allure vertigineuse et le pistolet au poing, chacune des rues, puis s'étaient réunis à l'entrée de la ville ; ils remontèrent ensuite au pas et suivis de tout un escadron qui, sans s'arrêter, alla camper sur la route de Lons-le-Saunier. On espérait que ce n'était qu'une forte reconnaissance sur Lons et pour protéger un mouvement considérable d'Arbois sur Pontarlier. Mais, à dix heures, nous avions perdu toutes nos illusions : cavalerie, infanterie, artillerie, il nous arrivait de huit à dix mille hommes. Ils formèrent aussitôt les faisceaux qui s'étendaient des deux côtés de la Grande-Rue, depuis l'usine à gaz jusqu'au Montévillard. J'étais devant l'Hôtel de Ville, avec le Maire et les Adjoints, attendant les événements. Nous n'attendîmes pas longtemps : un officier d'intendance nous accoste et nous invite à monter avec lui. On règle d'abord les logements des gros bonnets : le général chez Madame Monnier, l'intendance chez M. Sauvageot, la poste chez M. Faton ; on vous attribue deux médecins qui vous dispenseront de la soldatesque ; enfin, à moi, le colonel de gendarmerie, l'arme prussienne de distinction, avec cinq ordonnances et cinq chevaux. Chaque homme doit avoir trois repas : le café le matin, à midi une livre de pain, une livre de viande, un demi-litre de vin, le café ; autant le soir, et 60 grammes de tabac par jour. — « Mais il ne reste pas pour 20 francs de tabac à Poligny.... — *Il faut !* » on fait silence dans les rangs ; cela promet des jours heureux.

Nous croyions en être quittes, nous comptions sans nos hôtes : chaque chef de corps, campé au dehors de la ville, a défilé devant nous, nous demandant pain, viande, café, vin, cognac, etc... pour ses soldats. Un de ces Messieurs s'est adressé à moi pour avoir du champagne. J'ai répondu par un sourire qu'il a compris sans insister. Un autre a demandé une feuillette de vieux cognac pour le corps des officiers. Le Maire levait les bras au ciel ; j'intervins, lui affirmant que Barbaud en avait un dépôt. — « Che feu coûter, » dit le chef. Je l'accompagne chez Barbaud que je mets dans le secret ; il apporte un plein verre de marc qu'il venait de distiller tout chaud, l'officier avale d'un trait sans sourciller : « Superpe, dit-il, ché brends ! » Et les voilà nantis de vieux cognac.

M. Jacquin et moi nous avons couru les boulangeries pour retenir tout le pain ; ils demandent des proportions d'avoine invraisemblables, quand nous serons au bout viendront les réquisitions d'argent, les otages et le pillage.

Mon colonel a pris possession à midi ; il n'a pas voulu entrer dans sa chambre avant de m'avoir présenté ses excuses. C'est le fils d'un général de division parlant très bien le français, du meilleur monde ; je le trouverais charmant s'il n'était Prussien. Cinq hommes et cinq chevaux l'accompagnent et le colonel nous a fait prévoir qu'il en arriverait encore d'autres ce soir. Si courtois qu'il soit, il ne nous convient pas de nous asseoir à la même table que lui ; je le fais déjeuner seul, mais il me fait demander l'honneur de dîner avec nous le soir. Pas moyen d'esquiver cet honneur-là, nous n'avons qu'une domestique à laquelle il serait impossible de pourvoir à trois repas successifs. Nous subirons la table commune, cette extrémité-là pourra devenir intolérable quand nous aurons à faire à de *vrais* Prussiens.

A six heures et demie, j'entends un vacarme de coups de crosses à la porte ; on court ouvrir, c'est un peloton de vingt-sept fantassins, la baïonnette au fusil, qui font irruption dans la maison ; ils envahissent jusqu'à la chambre de ma femme, jetant leurs sacs sur le lit et se vautrant sur les fauteuils. J'entraîne ma femme et ma fille dans une chambrette au-dessus de la remise et j'essaie de faire comprendre à ces brutes que j'ai au-dessus un grand appartement où ils seront à l'aise. Je les menace du colonel, ils me répondent par des ricanements ; enfin, je finis par en entraîner un moins brutal, les autres le suivent. Mais dans le tohu-bohu, on a perdu les clefs de l'appartement et de la cave ; on casse une vitre pour ouvrir au premier et je fais forcer la porte de la cave. Il leur faut à manger *tout suite :* pain, pommes de terre, flaiche, vein, *tout suite, tout suite !* et il faut entendre de quel ton cela est dit. Vous vous rappelez sans doute l'agacement que me causait, à Ems, cette abominable langue allemande ; mais elle produit autre chose que de l'agacement quand on l'entend chez soi, commander en maître, quand elle signifie la honte et la ruine du pays. Trente-huit personnes à nourrir et *tout suite*, on cherche des pommes de terre, du pain, de la paille pour les hommes et les chevaux, c'est à en perdre la tête.

Ils se mettent à leur popotte et font du feu jusqu'au milieu des chambres, si nous échappons à l'incendie ! Enfin, le colonel rentre et avec lui un peu d'ordre et de sécurité ; il n'en faut pas moins pourvoir à tout, et, sitôt qu'il a tourné le pied, cet odieux *tout suite* reprend de plus belle.

Enfin, nous dînons ; le colonel ne nous a quitté qu'après avoir mis l'ordre partout. Je lui avais donné une chambre au premier étage ; je lui demande, à titre de grâce, de prendre la chambre de ma femme au rez-de-chaussée ; de cette façon, je peux installer à côté ma femme et ma fille à peu près en sécurité, avec moi, dans mon cabinet. J'apprends que chaque maison a été envahie comme la mienne ; chez ces pauvres Demoiselles Légerot, nos voisines, trente-quatre et partout à l'avenant. C'est décidément un corps de l'armée de Paris que nous avons ; des Poméraniens, la plus mauvaise race, la plus sauvage ; des têtes de brutes, sans rien d'intelligent ni d'humain.

A une heure du matin, je peux m'assoupir un instant, mais le rappel bat à deux heures ; en moins de temps qu'il n'en faut pour le dire, ces hommes harassés étaient debout et la maison était vidée sans fracas, sans lumière ; cela tient du prodige. Je me lève et vois partir le colonel qui m'annonce son retour pour demain. L'armée de Bourbaki serait, paraît-il, signalée du côté des Planches. Toute la nuit, il passe des convois de canons, de munitions, de pontonnage ; les maisons en sont ébranlées... si tout cela redescend par ici que deviendrons-nous !

Aujourd'hui, dimanche, nous sommes sous le coup des émotions d'hier et des terreurs pour ce soir et demain. On ne sonne pas chez moi sans que j'en ai les nerfs retournés. Ce matin, à la Mairie, un officier nous réquisitionnait une quantité de café telle que Poligny n'en avait jamais eu en temps normal ; nous essayons de lui faire comprendre l'impossibilité où nous sommes d'obtempérer, il frappe du pied, devient pâle de rage et nous menace de perquisitions. Je me mets avec l'Adjoint à la recherche de tout ce qui peut se trouver de café. Et nous avions peur il y a quelques jours de la petite vérole !

En rentrant chez moi, je suis appelé par ma voisine, Madame Richard, qui pleure à chaudes larmes : depuis le matin son magasin est mis au pillage, on lui prend jusqu'à des choses inutiles, des tricots d'enfant, des pantoufles de femmes... J'avise un chef que j'introduis dans le magasin, il fait sortir ces bandits en ayant soin d'en laisser deux pour empêcher que le magasin ne se ferme et permettre aux autres de rentrer, ce qui se fait immédiatement. Au moment où je m'éloignais, je reçois sur la tête deux énormes coups de poing qui m'étourdissent un instant ; sans le chapeau dur que je porte, je restais sur la place. Je rentre chez moi en me disant comme cette hyène d'Arbois : « C'est la quérre ! » Je me roidis pourtant contre le découragement, notre pauvre pays a tant besoin de ce qui peut parler et agir.

Allons-nous être réveillés cette nuit par des scènes sauvages comme celles d'hier soir ?

Lundi 30 janvier.

J'étais ce matin à la Mairie, où je suis presque en permanence, la tête embarbouillée de mon coup de poing d'hier, lorsqu'un officier prussien vint ordonner au Maire de faire publier un avis prescrivant à tout détenteur d'armes de les déposer dans, le délai de deux heures, à la Mairie, sous peine d'avoir sa maison livrée au pillage ; cet avis devait, en outre, annoncer que tout acte d'agression contre les troupes allemandes devait être puni de mort. Le tambour allait se mettre en route lorsque le même officier revint, tout courant, nous demandant de ne pas faire publier l'avis, qu'un armistice de vingt et un jours venait d'être conclu pendant lequel une représentation nationale, ayant mission de traiter de la paix, serait constituée.

Cette nouvelle venait d'être apportée par deux officiers français arrivés de Lons-le-Saunier en parlementaires. Ce que l'on éprouve de soulagement et de joie dans de pareils moments, il faut y avoir passé pour le comprendre, ça ne s'écrit pas. Je cours chez moi annoncer la délivrance ; sur mon chemin je rencontre Calixte Pillot, nous nous embrassons comme deux pauvres ; la rue, tout-à-l'heure déserte, redevient vivante et animée et pour un peu on trouverait le Prussien, qui cesse d'être menaçant, moins hideux et moins haïssable.

Ce ne sera plus maintenant qu'une affaire d'impôts, un peu lourds peut-être, pour liquider les frais de cette horrible guerre, mais notre pays, à peine atteint, ne s'en ressentira pas trop gravement.

Nous sommes allés en députation au Commandant de place pour lui demander s'il comptait maintenir contre nous le droit de réquisition, ce qui serait la négation absolue de l'armistice ; la réquisition est, en effet, le seul acte d'hostilité qui puisse s'exercer contre l'habitant. Il nous répond qu'il n'a reçu, au sujet de la conclusion de l'armistice, aucune notification du général en chef ; il vient de faire escorter jusqu'à Champagnole, au quartier général, les officiers français qui nous rapporteront une solution. D'ici-là les réquisitions continueront et tripleront sans doute, il faut bien jouir de son reste.

Nous avons fait notre inventaire : tout ce qui pouvait s'enlever a été mis en sûreté, ils n'ont emporté que quelques ustensiles de cuisine et un service de Ruoltz. Les Juifs à qui ils le vendront ne leur donneront pas de quoi en boire une ration de schnaps.

Saviez-vous que M. d'Arcine est mort depuis un mois ? sa famille ne résidant pas à Poligny, la maison est sans protection : deux énormes fourgons sont installés dans la cour, sur lesquels on charge non seulement les objets d'art recueillis par M. d'Arcine, mais encore son linge. Quant à l'Hôtel de la Sous-Préfecture, M. Bergère l'a abandonné pour se replier dans sa petite maison du Vieil-Hôpital, où il se dérobe à toutes les obligations de sa charge, ainsi qu'au désagrément d'y nourrir son contingent de Prussiens. Pendant qu'il fait ainsi son jeu, on voit traîner dans sa Sous-Préfecture les femmes des immondes Juifs qui, suivant cette armée civilisatrice et protégées par elle, achètent à vil prix ce que pille le soudard. Une bonne partie du mobilier départemental est enfourgonné. Quand on procédera au récolement, ce sera faire acte de bonne justice que de rendre M. le Sous-

Préfet responsable des dilapidations que sa désertion a seule rendues possibles.

Mardi 31 Janvier.

Rien de nouveau et toujours même système : nous logeons et nous nourissons le Prussien qui fait des perquisitions avec le même entrain. La ville, qui est épuisée, n'est plus aussi pressurée ; ils se sont rabattus sur la campagne qu'ils taillent à merci.

A onze heures, un officier se présente à la Mairie et demande à héberger sept cents chevaux, sept cents !

Nous crions à l'impossibilité, mais, avec cette impertinence d'avant l'armistice, il nous répond : « impossible, pas » ? Le Maire étant absorbé par les Prussiens qui lui hurlent des réquisitions, je cours chez le Commandant de place et j'obtiens l'ordre de ne pas faire arrêter le convoi à Poligny. Je demande un ordre écrit que je rapporte au réquisitionneur, il me répond : « Cet ordre, pas du Commandant ! » Sept cents chevaux et quatre cents voitures, que deviendrons-nous ! Il y en a depuis Poligny jusqu'à Montholier, une file de 9 kilomètres. Nous sommes menacés de voir nos chambres transformées en écuries... enfin ils se rendent non à la pudeur, mais à l'impossibilité ; nous n'aurons que cent cinquante chevaux, ce qui, avec les trois cents que nous avons déjà, fait un joli contingent.

J'apprends que les parlementaires français viennent de rentrer à Poligny (midi) ; nous allons, le Maire et moi, demander à conférer avec eux pour être enfin fixés sur la situation intolérable qui nous est faite. Après bien des pourparlers, un capitaine d'état-major nous est amené et, en présence de deux officiers prussiens, et de deux sentinelles armées, il nous dit : « Messieurs, l'armistice a été conclu, mais le général Manteuffel ne le reconnaît pas pour l'armée de l'Est, en conséquence vous en êtes exceptés. » Avoir été si joyeux hier, avoir retrouvé la vie si légère pour retomber aujourd'hui dans cet abîme d'angoisses.....

Je pensais pouvoir vous envoyer cette longue relation aujourd'hui ; quand le pourrai-je maintenant, aurai-je même le courage de la continuer !

Mercredi 1er Février.

Toujours même incertitude, même absence de tout éclaircissement sur cette mesure inouïe qui nous exclue de l'armitice. Poligny, clef de leur situation dans la montagne, est rigoureusement gardé : il y a une sentinelle dans les moindres sentiers, on y entre mais on n'en sort plus. Quant à moi, quand je ne suis pas à la Mairie, je reste dans mon cabinet ou je jardine ; ce qu'on voit dehors m'oppresse à ne pas pouvoir respirer.

Cette après-midi, une colonne de quinze cents prisonniers français, sans doute de l'armée de Bourbaki, a traversé la ville. Je me rappelle mes frémissements d'orgueil national quand, en 1855 et 1859, je voyais rentrer nos soldats de Crimée et d'Italie. Ces souvenirs me reviennent et me rendent plus douloureusement aigu le spectacle de ces mêmes soldats, conduits comme du bétail, poussés à travers la ville au pas accéléré, ayant à leur tête leurs chefs désarmés et qui semblent désespérés de ne plus même pouvoir mourir. Je n'aurais pas subi ce spectacle si je n'avais voulu, en dépit de la surveillance prussienne, glisser à ces malheureux une douzaine de bouteilles de vin.

Les élections doivent avoir lieu le 8 et c'est demain le 2 ! Auraient-ils vraiment l'intention de nous exclure ! Rien ne m'étonnerait plus.

Je causais aujourd'hui sur la place avec l'Adjoint Grandperrin, nous ne formions pas un groupe bien séditieux ; une sentinelle nous crie : « Furt ! »

et appuie son injonction d'un vigoureux coup de poing qu'il m'assène dans le dos. Des officiers qui voyaient cela ont souri comme s'ils buvaient du lait.

En ce qui vous concerne, mon cher Léon, vous êtes toujours occupé dans les mêmes proportions : deux officiers et deux soldats. Votre locataire qui a voulu tenir tête aux exigences d'un de ses officiers est écrasé, il en a dix-sept. Mais ce qui réjouirait ce pauvre Marcel, c'est la contemplation de Bergère-Boulette. Il a en permanence un gamin à sa porte qui le signale à tous les Prussiens altérés. Il en a, en outre, quinze à demeure. Voir *sa sien* dévoré comme ça ! il ne bredouille plus, la voix lui reste au gosier, il *en va* de la tête, des bras et on croirait qu'il a les pieds sur une plaque de tôle chauffée à blanc. Il me ferait rire si un sourire pouvait se faire jour à travers les inquiétudes qui nous pèsent sur le cœur.

Jeudi 2 Février.

Toujours rien. On affirme que l'armistice est publié dans toutes les villes voisines, pourquoi cet interdit sur Poligny ? Un instant nous avons cru toucher à la délivrance ! Le général français, commandant la subdivision du Jura, est arrivé ici en parlementaire, revenant de Champagnole, quartier général prussien. Il a été introduit chez le Commandant de place, sous escorte. M. Henri Cler et moi nous sommes mis en planton à la porte, espérant obtenir de notre général la confirmation de cette délivrance. Après une demi-heure d'attente, nous le voyons sortir avec son aide de camp, tous deux les yeux sévèrement bandés et reconduits insolemment comme des aveugles à leur voiture. Il n'y avait pas à essayer de les aborder. Nous nous sommes séparés, M. Henri Cler et moi, la mort dans l'âme et sans un mot (1).

Il y aura demain huit jours que nous ne savons plus ce qui se passe au-delà de nos faubourgs. Dans tous les départements voisins, les chefs de service des Postes ont fait des miracles de dévouement et d'activité pour arracher à la surveillance prussienne quelques distributions de dépêches. Dans le Jura, M. le Directeur passe son temps à se contempler le nombril et notre département devra attendre la conclusion définitive de la paix pour avoir des nouvelles. Voilà un chef de service que l'Europe ne nous enviera pas.

(1) Il n'était plus guère question, à ce moment-là, de divergences politiques ; l'intérêt du pays primait tout et avait pour anisi dire neutralisé notre champ d'action.

9 heures du soir.

Demain, Lamy, le brasseur, essaiera de traverser les lignes prussiennes et d'arriver jusqu'à Lons-le-Saunier. Je lui confie mon gribouillage. Vous arrivera-t-il ?

II

Vendredi 3 Février.

Vous avez dû recevoir, mon cher Léon, l'énorme pli dans lequel j'avais consigné mes impressions pendant l'abominable semaine que nous venons de traverser. Aujourd'hui, rien de nouveau si ce n'est le parti pris, s'accusant chaque jour plus clairement de la part des Prussiens, de nous appliquer l'armistice que lorsque, à force de réquisitions et de pillage, ils auront ruiné le pays.

Ce matin, nouvelle invasion ; j'ai toujours ma part très large : deux officiers, un capitaine, un lieutenant, et six soldats. C'est le corps de Werder, de Rheinans. Les soldats sont tolérables, on arrive à les satisfaire ; les chefs sont intraitables, particulièrement le lieutenant, un rougeaud à lunettes, qui est chargé de l'installation. Il est d'une grosfierté hargneuse à propos de tout et de rien et quoique l'on essaie de faire. Après avoir tout trouvé mal, avoir brutalement exigé que je lui remplace des meubles dont s'était contenté le colonel, il nous a demandé de prendre nos repas avec eux. J'ai carrément refusé, préférant, à l'écœurement de pareils commensaux, dîner sur notre banc de cuisine, puisque la table y est prise par leurs brosseurs.

Pas de nouvelles des élections et nous sommes toujours bloqués de la façon la plus rigoureuse. Les passions politiques, que je me faisais l'illusion de croire apaisées, se réveillent de plus belle, et je crains bien que les élections, contrariées comme elles vont l'être, ne profitent au parti extrême.

Samedi 4.

Il y a aujourd'hui une très vive émotion. Je rentrais, quand sur ma porte je rencontre Ch. Amyon dans un état d'exaspération violente : « Les misérables, s'écrie-t-il, il n'y avait que notre église qu'ils n'eussent pas encore souillée, ils viennent de la réquisitionner. Demain, à neuf heures, ils célébreront dans notre vieille collégiale un service protestant.

J'allais essayer de faire entendre raison à ce fougueux ligueur, quand on m'informa que M. le Curé était venu me demander. Je me rends en hâte à la Cure. Vous connaissez l'abbé Bonnefoy, un timide intrépide, comme devait l'être Bourdaloue. Moi, qui ai le courage en dehors et un peu trépidant, je sens ce courage bien inférieur au sien, parce qu'il le puise encore ailleurs qu'en lui-même. Il m'avoue qu'il était venu conférer avec moi de la notification que lui avait faite l'état-major prussien et dont il avait été profondément ému, en principe. En ce qui concerne l'exécution, il voulait me demander si je ne croyais pas possible de faire accepter la chapelle de la Congrégation, ce qui épargnerait l'église. Quant à l'exécution, je lui démontre qu'il n'y a pas à espérer faire accepter pour un corps d'armée de quatre mille hommes, une chapelle qui en contiendrait à peine cinq cents. « Pour le principe, ajoutai-je, je ne me reconnais qu'un bien superficiel canoniste, mais il me semble que, les protestants n'étant pas des infidèles, leur culte ne saurait être un outrage au nôtre et que ce n'est pas souiller notre église que de nous la demander pour y prier. Est-ce que dans le pays de Montbéliard il n'y a pas nombre d'églises mixtes où les deux cultes vivent à l'état de trêve ? » — Le Curé qui m'avait écouté, suivant son habitude, les yeux baissés et les mains sur ses genoux, me répondit qu'il y avait dans mon appréciation une part de vérité que son trouble ne lui avait pas permis d'apercevoir au premier moment ; je le laissai attristé toujours, mais résigné.

Après le service protestant, il y aura, à onze heures, une messe catholique dite par un landwérien. Je le connais leur landwérien, c'est un drôle de prêtre et je me garderai de sa messe. On l'avait logé à la Cure pour lui être agréable, il a grossièrement injurié le Maire, plus grossièrement le Curé, prétendant que le logement n'était pas digne de lui :

Les sentiments chrétiens, mon frère, que voilà !

Dimanche 5.

Quinze cents prisonniers français viennent de passer, venant de Pontarlier, hâves, déguenillés, mourants de faim. Malgré les formidables réglementations de nos maîtres, on leur a distribué du pain sur tout le parcours : peut-être en manquera-t-on demain, mais on ne pense pas à l'avenir en face de pareilles misères.

Ni instructions, ni contre-ordre au sujet des élections ; voter dans de pareilles conditions pour la composition d'une Chambre qui va décider de la vie ou de la mort du pays, c'est inouï ! Quand on se plaint à un officier de tout ce qu'a d'injustifiable la continuation d'un pareil état de choses, il est plus que de notre avis et nous assure que, le lendemain au plus tard, l'armistice sera reconnu et largement appliqué au Jura ; le lendemain, c'est le même système de compression et d'implacable rapine. Je ne sais pas si Judas Iscariote a eu de la postérité, mais, s'il en a eu, elle s'est établie en Prusse et c'est d'elle que doit descendre l'hypocrite canaille qui a pris à tâche d'affamer le pays et qui s'en acquitte avec la froide ténacité du Juif.

M. le baron de Manteuffel, général en chef de l'armée du Sud, est arrivé hier à Poligny, il a établi son quartier général hôtel Chevassu. Ce Manteuffel est le soldat et le politique le plus selon le cœur du roi Guillaume. C'est lui qui, en 1866, s'étant emparé sans coup férir de Francfort, frappa cette ville d'une contribution de 60 millions, je dis soixante millions. Le Syndic, désespéré, se fit sauter la cervelle, mais von Manteuffel n'en fut aucunement troublé et ne démordit pas d'un thaler de ses 60 millions qu'il empocha. N'est-ce pas à frémir de se sentir sous la griffe d'un pareil vautour ? Pour rendre à un tel hôte les honneurs qui lui sont dus, le commandant de place a ordonné que toutes les rues, que la neige piétinée rendait impraticables, fussent immédiatement balayées. On a exécuté cet ordre un peu plus lestement que s'il avait émané de l'autorité municipale. Le même commandant a, en outre, prescrit de rouvrir tous les magasins qui avaient fermé sous le coup des brigandages dont ils avaient été victimes ; ils seront, à l'avenir, sous la protection de l'autorité prussienne ; voilà une belle garantie ! Tous les malheureux marchands, qui prévoient le sort qui les attend, sont dans la consternation. Un de nos officiers, *Mossieur le Capitaine,* comme dit le lieutenant, vient d'être chassé de sa chambre par un jeune officier russe attaché, au titre étranger, à l'état-major de Manteuffel. C'est un crapaud de dix-neuf ans qui est décoré de la fameuse croix de fer ; s'il a gagné cette croix-là les armes à la main, je trouve ça fort. Je ne suis pas du tout au courant des usages de la guerre, mais, avec mon simple bon sens, je me demande de quel droit un beau fils, appartenant à une nation avec laquelle nous sommes en paix, peut se permettre de venir tuer et voler chez nous ? Est-ce autre chose qu'un simple malfaiteur et si ce n'en était pas fini des hostilités et que, par impossible, un retour des nôtres nous mit ce Monsieur dans les mains, comment se réclamerait-il du titre de belligérant pour ne pas être, comme il le mériterait, collé au mur.

Ce jeune cosaque s'est distrait, avec un de ses amis, en brisant mes bouteilles vides contre le mur de ma cour où ils avaient tracé une cible ; dans sa chambre, trouvant trop compliqué de faire jouer les tirants de ses grands rideaux, il a simplifié l'opération en les déchirant. Je voudrais qu'il n'eût pas été décoré pour des actes plus graves, et ce qui m'incline à ne pas lui garder rancune c'est l'exaspération qu'il cause à mon landwérien : le voir décoré de la croix de fer quand lui ne l'est pas ; que pour le loger on ait, sans aucune façon, fait décamper *Mossieur le Capitaine*, quel scandale ! Je ne manque pas une occasion de lui monter le coup en faisant l'éloge à tout rompre du Russe, de sa courtoisie, de sa distinction : les cheveux et les moustaches en soies de porc de mon rougeaud se hérissent, il glousse de rage, c'est ma revanche.

Lundi 6.

Rien, toujours pas de communications, toujours

même système de réquisitions et même refus de permettre à la municipalité de pourvoir aux logements. L'autorité prussienne marque à la porte des maisons qu'elle a désignées, le nombre de chevaux et d'officiers à loger ; quant aux soldats, ils se font leur logement la baïonnette au canon ; c'est une répartition des plus inégales et des plus odieuses ; à ces deux titres, ils la maintiennent. Quant au refus de toutes communications, il manque même de prétexte, ils n'en cherchent pas, c'est simplement un moyen de nous torturer et ils ne s'en font pas faute.

Après une conférence de la municipalité avec les notables, on a adressé une demande d'audience au général Manteuffel, dans le but de lui exposer l'intolérable situation qui nous est faite. Il nous a été répondu que le général de l'armée du Sud quittait demain Poligny et serait remplacé par le général Franséchi ; c'est à lui que nous devrons nous adresser.

Impossible d'imaginer à quelle furie est poussé le gaspillage des ressources du pays. J'ai dans mon écurie cinq chevaux qui ont constamment de la litière jusqu'au ventre et dans cette litière il y a autant de foin que de paille, or vous savez à quelle disette de foin nous a réduit la sécheresse de l'an dernier ! Hier, pendant que les chevaux étaient sortis, on a ramassé, répandue sous leurs pieds, une forte mesure d'avoine dans laquelle se trouvait au moins deux livres de café de qualité supérieure.

Il circule de piquants détails sur le quartier général. M. le baron Manteuffel aurait, paraît-il, trouvé une telle saveur au vin de Château-Chalon, du caveau Chevassu, qu'il en aurait bu, hier, à son dîner, comme il aurait fait de la bière de Munich et sans se douter qu'un tel vin est de force à avoir raison d'un triomphateur prussien. Aussi, a-t-on dû reconduire à son lit, en le tenant sous les bras, son Excellence M. le Général commandant l'armée du Sud qui avait complètement perdu le *Nord*.

Mardi 7 février.

Le Général Manteuffel est parti ce matin avec un état-major et un train de Prince. J'ai eu le loisir de le dévisager. Il doit avoir dans les soixante-dix ans et on lui donnerait davantage : la figure parcheminée est envahie par une barbe hirsute, il a l'oreille informe du sauvage, la mâchoire démesurée du dogue, l'œil est dissimulé derrière des lunettes bleues qui n'arrivent pas à voiler la férocité du regard. Ce grand seigneur est pratique :

les derniers cavaliers de son escorte encadraient trois chariots emportant les vins de paille et de Château-Chalon de Madame Chevassu.

Dans l'escorte, on m'a montré le fils de M. de Bismarck, une tête de reître allemand ; la force pour la force, sans rien de l'éclair sauvage, mais génial de son père.

La ville est entièrement évacuée, on peut depuis ce matin respirer librement, relever la tête, parcourir d'un pas allégé cette pauvre ville ; ces brigands ne la souillent plus. Demain peut-être il faudra reprendre le joug, mais ce sera, comme disent les ingénieurs, un palier dans la montée.

Mercredi 8 Février.

J'ai bien fait de profiter de ma journée d'hier, car rien n'y ressemble moins que celle d'aujourd'hui. Dès neuf heures du matin, une innondation : deux régiments *d'innefantouri,* comme ils disent ; ils prennent d'assaut la maison. J'ai deux sous-officiers et neuf soldats, et jamais je n'avais supporté pareilles avanies, ni vu brutes plus grossièrement déchaînées. J'essaie de me distraire des abominations prussiennes en allant voter, mais là encore ce sont de tristes impressions. Les passions politiques qu'on croyait apaisées reprennent de plus belle.

Jeudi 9.

Poligny est de nouveau écrasé : un général en chef, un général de division, deux de brigade, cent soixante officiers, deux mille soldats et quatre cents chevaux, et cela pour toute la durée de l'armistice. J'ai pour ma part quatre officiers et huit hommes. Vous n'avez, vous, que deux officiers et un sous-officier. J'ai pu, cette fois encore, réserver une chambre pour ma famille et la mettre à l'abri des vilenies que comporte la prise de possession. MM. les officiers ayant commandé leurs repas sans se préoccuper de nos heures, j'ai tenu à dîner à la cuisine ; le soir nous étions à table lorsqu'un de ces Messieurs vint demander un service ; il exprima son étonnement de nous voir manger là ; je lui répondis que c'était la seule pièce qui nous eût été laissée. Il fut un instant déconcerté et me supplia de leur faire l'honneur de dîner avec eux le lendemain. Nous déclinâmes cette invitation à dîner chez nous.

Le résultat de l'élection dans le canton de Poligny est excellent, la liste de la *Sentinelle* sort tout entière.

Vendredi 10.

Journée pleine de luttes et d'angoisses. Dès le matin, à neuf heures, nous sommes réunis à la Mairie avec tous les notables ; on décide, après une longue discussion, de faire une démarche auprès du général Franséchi pour lui exposer à quelle extrémité la ville sera réduite dans quelques jours si le système des réquisitions est continué, sans possibilité pour elle de se ravitailler, et lui demander la reprise du service du chemin de fer, le rétablissement des services postal et télégraphique. Une Commission de trois membres est désignée pour rédiger et porter l'adresse. Je fais partie de la Commission et suis chargé de la rédaction qui est acceptée sans modification. Au moment où nous quittions la Mairie pour nous rendre chez le Général, le Commandant de place et un officier d'Intendance demandent le Maire pour affaire de haute importance. Nous attendons, prévoyant que sans doute ce nouvel incident va rendre sans objet la démarche que nous projetions. En effet, ces Messieurs viennent nous annoncer que leur Empereur a *daigné* décider que la ville de Poligny paierait une contribution de guerre de 50 francs par habitant, soit en chiffres ronds deux cent quatre-vingt-sept mille francs. Nous reprenons immédiatement la délibération ; deux propositions sont faites : l'une qui refuserait en principe la contribution demandée, laissant entrevoir qu'on pourrait arriver à une cote mal taillée ; l'autre, dont M Sauvageot et moi prenons l'initiative, repousse très énergiquement toute espèce de discussion au sujet d'une aussi monstrueuse mesure. Notre avis l'emporte et l'on discute les termes de la réponse qui sera notifiée. Lamy, le brasseur, a une inspiration fruste, mais d'une vérité saisissante sur la détresse du pays. Je saisis la phrase au vol et, en la refrappant, je la fais consigner dans la réponse. Cette réponse achevée, le Maire nous la relit, mais arrivé à la phrase de Lamy, d'un sentiment si vrai, la voix lui reste au gosier et il s'interrompt pour se mettre la tête dans les mains et s'essuyer les yeux. Cette émotion est si profonde qu'Amyon, oubliant ses rancunes, dit au Maire que chacun rend justice au sentiment auquel il a cédé.

Il me revient à ce moment un souvenir des temps heureux : ce même Amyon nous jouait, un soir à la maison, sa sonate préférée de Mozart ; au moment d'attaquer l'andante, d'une tendresse si pénétrante, il suspendit son archet pour nous dire : « Ici tout le monde s'aime ! » Il ne s'agissait plus aujourd'hui d'une andante, mais de l'agonie du pays et, dans la pensée de le sauver, tout le monde s'aimait.

La réponse devait être donnée dans le délai d'une heure ; avant ce délai expiré nous étions encore en séance, on nous annonce les envoyés du Général en chef. Le Maire leur remet la délibération dont ils prennent connaissance et qui est appuyée de quelques explications très claires fournies par M. Légerot, mais que j'aurais voulu plus viriles. Devant ce refus absolu, ils essaient de carotter, nous demandant si nous n'avons pas un banquier qui puisse nous faire un prêt ; si nous ne pourrions pas indiquer au moins un chiffre auquel nous consentirions. Il leur est répondu que, à quelque chiffre que soit réduite une contribution en argent, il y a impossibilité pour nous d'y faire droit, la ville et le particulier étant aussi absolument ruinés l'un que l'autre.

Dimanche 12 Février.

Le Maire et le Membre du Conseil général ont enfin obtenu une audience du général Franséchi ; il leur a expliqué que si nous n'avons pas résisté, nous n'en sommes pas moins solidaires des départements qui ont combattu, à ce titre nous devons être frappés comme eux. Un commis de l'Intendance est venu à nouveau nous relancer ; il voudrait nous amener à contracter un emprunt avec les Juifs qui les suivent et leur servent de compères dans leurs sinistres filouteries. Il lui est répondu très net que, fussions-nous aussi résolus à payer la contribution que nous le sommes à la refuser, nous préférerions le pillage de la ville à l'ignominie de subir de pareilles compromissions.

La petite vérole reprend avec une nouvelle intensité, c'est la petite vérole noire ; six décès aujourd'hui et beaucoup de cas nouveaux. En d'autres temps, on pourrait être préoccupé ; aujourd'hui, avec les angoisses de chaque jour, on ne s'y arrête même pas.

Lundi 13.

Il court des bruits sinistres : M. Gall, receveur des domaines, a été prévenu par le major, logé chez lui, que les notables de la ville allaient être arrêtés comme otages, la ville refusant de payer la contribution en argent dont elle avait été frappée. Je vais aux renseignements et l'on m'affirme que je suis mis en tête de la liste. Je n'en insisterai pas moins pour qu'on refuse jusqu'à un rouge liard ; nous verrons bien.

Mardi 14.

J'étais à la Mairie, à onze heures et demie du matin, lorsqu'y est arrivé le Commandant de place : il venait notifier au Maire l'application de l'armistice à la France entière, puis il a ajouté : « Cette reconnaissance ne modifie en rien votre situation ; vous n'en devez pas moins payer la contribution de 50 francs par habitant ; pour le cas où la ville se refuserait à payer nous serions obligés de faire prisonniers les notables de la ville. » Nouvelle réunion des notables à trois heures, pour répondre à cette mise en demeure ; nous nous retrouvons en majorité pour opposer à leur demande de contribution un refus absolu et énergique. Que vont-ils faire ? Demain nous mettront-ils la main dessus ? ils osent tout ; il y a quinze jours, avant tout armistice, c'eût été gênant ; aujourd'hui, ce ne serait pas de quoi s'émouvoir.

Vendredi 17 Février.
(De la prison de la Sous-Préfecture.)

Je ne sais plus, mon cher Léon, où j'en étais

resté de mon journal qui est chez moi ; je crois vous avoir dit que, avant-hier mercredi, une dernière réunion des notables avait répondu aux mises en demeure prussiennes par un refus absolu de consentir à un versement quelconque à titre de contribution de guerre. A cette communication, aucune réponse, et cela me sentait si mauvais que, toute la journée, je me suis hâté de prendre des mesures pour que, à la maison, on ne pâtit pas trop pour le cas où je serais élevé à la dignité de prisonnier de guerre. Bien m'en a pris car, à sept heures et demie, pendant que nous dînions, toujours sur notre banc de cuisine, on vint me prévenir qu'un officier prussien me demandait d'urgence. Je sortis et me trouvai devant un magnifique officier de dragons qui s'excusa d'avoir à remplir à mon égard une mission pénible ; il me dit que, la ville s'étant obstinée à refuser le paiement de la contribution dont elle était frappée, le Général en chef avait décidé de faire prisonniers quatre des notables les plus importants, que j'étais en tête de la liste, que, en conséquence, il m'accordait une demi-heure pour me rendre à la Sous-Préfecture qui doit nous servir de prison. Il m'a laissé sous la surveillance d'un sous-officier qui ne m'a pas perdu de vue pendant que je me constituais un sac de nuit, et m'a accompagné jusqu'à destination. Je suis arrivé au-dessus de l'escalier de la Sous-Préfecture, où j'ai trouvé, assis le nez à la porte, M. Ch. Pâris qui attendait qu'il plût à M. Faulque d'ouvrir l'appartement qui doit nous servir de prison. Après moi, arrive Bergère-Boulette, dans un état indescriptible ; il pleurait, écumait, jetait les bras en l'air, se donnait des coups de pied dans les mollets : impossible de l'amener à être décent. Vient ensuite M. Antoine Faton, le quatrième otage, puis le Commandant de place qui établit notre identité et nous fait ouvrir les portes par M. Faulque, à qui il lave la tête à la prussienne pour nous avoir fait aussi longtemps attendre. On met à notre disposition ce que les Juifs, associés de Guillaume, ont laissé du mobilier départemental. Nous avons chacun un unique matelas et pour sommier le parquet ; je fais venir de la maison une paire de draps et une couverture, et je m'installe, à côté de M. Faton, un lit de camp dans ce petit salon où j'ai, chez les Vivaux, passé de si charmantes soirées, entendu de si bonne musique. Si un nouveau Cazotte m'avait annoncé alors dans quelles conditions je m'y retrouverais, dix-huit mois plus tard, quels yeux démesurés il m'aurait fait ouvrir ! MM. Paris et Faton sont aussi philosophes que moi ; quant à Bergère il continue ses hurlements, il veut absolument qu'on amène ici MM. Salins, Outhier, tous les notables ; il pleure sa cave, ses papiers, sa maison ; c'est l'avare dans ses fureurs les plus hideuses. Nous faisons notre possible pour le décider à coucher dans une chambre voisine, mais il prétend que, étant prisonnier notable comme nous, il a le droit de nous rester *aggloméré*.

Nous avons des détails précis sur ce qui nous a valu l'honneur d'être désignés comme otages. Dans la plupart des villes occupées, les agents français se sont résolument refusé à désigner aux Prussiens les noms des plus imposés. A Poligny, on est au-dessus de pareils scrupules : les agents, à qui leur concours a été demandé, ont mis à le fournir un tel empressement qu'ils n'ont pas pris le temps de la réflexion et que, en ce qui concerne M. Faton, il n'est arrivé bon quatrième que en raison de ce que, dans sa hâte, M. le percepteur a réuni à sa cote celle de son beau-fils, un enfant de dix ans. Voilà à quelle singulière opération de trésorerie M. Faton doit d'être *aggloméré* au sieur Bergère.

Nous aurions dormi suffisamment sans les crises furieuses dudit Bergère qui n'ont pas cessé de la nuit. Ce matin, je me suis réveillé un peu rompu et bien inquiet pour ma famille que je laisse seule en butte aux épreuves que j'étais parvenu à lui épargner entièrement jusqu'à présent.

Nous avons comme prison deux pièces et un cabinet de toilette. Une sentinelle, fusil chargé, se tient nuit et jour à notre porte, et, vers une heure du matin, le chef de poste vient nous compter et s'assurer qu'aucun de ses otages ne lui manque.

Il fait ce matin un temps délicieux ; va-t-on nous condamner à rester entre quatre murs aussi longtemps que durera notre captivité ? J'adresse au Commandant de place une demande dans le but d'être autorisés à nous promener dans le jardin inaccessible à toute communication extérieure. Nous nous mettons ensuite à introduire un peu d'ordre dans nos chambres que M. Bergère aurait bientôt transformées en écuries, si nous ne le tancions vertement. Nous faisons nos lits, balayons, frottons, de façon à n'avoir pas l'air trop démoralisés devant l'ennemi. A onze heures, le Commandant de place, nous fait descendre, sous escorte, pour nous informer qu'il nous accorde une heure de promenade, à notre choix, le matin ou le soir, mais seulement dans la cour intérieure ; nous insistons pour lui arracher une heure le matin et une heure le soir, ce qu'il finit par nous concéder, mais en nous prévenant qu'il partait le lendemain et qu'un traitement beaucoup plus rigoureux allait être infligé à nous et à la ville. Je ne m'effraie pas de cette menace dont je comprends bien la signification. Nous profitons immédiatement de l'autorisation, mais l'appareil dont on nous entoure diminue sensiblement l'agrément que nous nous promettions. En effet, nous sommes conduits par une sentinelle odieusement brutale qui nous suit dans la cour, charge ostensiblement son fusil et, notre heure expirée, nous fait rentrer en nous menaçant de sa crosse et en nous poussant à coups de poing. Il n'y a que ces tortures-là à quoi je ne peux m'habituer, j'en suis assombri et ne retrouve mon calme qu'après quelques heures.

Nos repas nous sont apportés de chez nous et remis par un sergent qui nous fait, en sa présence, déballer notre panier afin de s'assurer qu'il ne contient aucune correspondance.

Nous avons fait venir des cartes et nous faisons le soir une partie : l'enjeu est une bouteille de vin de paille. Mais le jeu à quatre devient bien vite impossible en raison des pratiques qu'y apporte M. Bergère. En outre de ce qu'il nous fait endurer, il nous dégrade aux yeux des Prussiens, par ses cris, ses flagorneries, ses lèchements de mains aux sentinelles.

J'ai déjà éprouvé combien la prison rend ingénieux et j'ai trouvé un moyen sûr de faire parvenir des nouvelles à nos familles. En somme, si l'on nous supprimait Bergère, notre situation serait très supportable ; j'ai la certitude que, au point où en sont les choses, nous ne pouvons être enmenés en captivité. La seule inquiétude que nous éprouvions, celle de manquer à nos familles, est compensée par la certitude du service que nous rendons à la ville.

Samedi 18.

Le poste que nous avons aujourd'hui est excellent ; nous sommes parvenus à faire accepter un verre de vin et d'eau-de-vie au sergent et aux hommes ; grâce à cela, j'ai pu embrasser ma fille qui accompagnait sa bonne m'apportant mon déjeuner. Hier, il a fallu me contenter de l'apercevoir avec sa mère, deux fois dans la journée, à travers les arbres, dans la maison de ce brave Lugand, qui épie, chaque matin, le moment où j'apparais à la fenêtre pour me donner le bonjour et me demander par signe de mes nouvelles.

M. Pâris, qui a soixante-dix ans et qui souffre du régime qui nous est infligé, désirerait un arrangement et que la ville ne s'obstinât pas à une résistance impossible. Quant à M. Faton et à moi, qui avons la conviction que, en acceptant notre sort, nous avons des chances de sortir la ville d'un immense embarras, nous nous résignons et nous avons supplié le Maire de ne se préoccuper en rien de notre situation dans la détermination qu'on aura à prendre. J'ai lieu de croire que l'on nous est reconnaissants de cette attitude, car, ce matin, Jacquin, le terrible Jacquin, passant sous nos fenêtres, m'a jeté un baiser avec une expression qui m'a touché.

Bien que notre poste ne soit plus sauvage, comme les précédents, il n'en est pas moins tenu vis-à-vis de nous à l'exécution de sa consigne. Ainsi, impossible absolument de sortir de nos chambres en dehors des deux heures qui nous sont concédées. J'ai dû écrire au Maire une lettre très pressante pour lui rappeler que, pour être prisonniers de guerre, nous n'étions pas de purs esprits ; que, ne pouvant sortir sous *aucun prétexte,* en dehors de nos deux heures de promenade, certain prétexte pouvait surgir en dehors de ces heures réglementaires... L'autorité prussienne, à qui j'avais réclamé, m'avait répondu que *cela* regardait la municipalité. J'ai prié le Maire de vouloir bien, d'urgence, décider auquel de ses agents incombait de pourvoir à de pareilles misères. On a avisé, il était temps ! Bergère nous faisait trembler et nous estimions que, quelque besoin que nous ayons de porte-bonheur, c'était assez d'avoir une sentinelle à notre porte.

Nous touchons au bout de notre provision de bois, nous en sommes à la dernière de nos chandelles, que nous avons jusqu'ici mouchées avec nos doigts, et encore nous faudra-t-il, ce soir, nous coucher avec les poules car le bout de lumignon qui nous reste nous brûlerait la politesse. Je vous quitte, mon cher Léon, je n'y vois plus et je suis au bout de ma dernière feuille de papier.

Dimanche 19.

Il faut que l'almanach nous affirme que c'est aujourd'hui Dimanche pour que nous en soyons bien convaincus. Rien, en effet, ne serait changé pour nous si notre excellent curé n'avait trouvé moyen de nous faire prévenir, par le mode que j'ai découvert, qu'il serait dit une messe à notre intention à sept heures et demie dans la Chapelle de la Congrégation.

Nous avons reçu ce matin, pendant notre heure de promenade, la visite du Colonel, nouveau Commandant de place. C'est la culotte de peau la plus féroce ; il ne dit pas un mot de français, mais il nous a lâché une bordée d'allemand, dans laquelle il a essayé, s'aidant de gestes, de nous faire comprendre que, si on ne payait pas la contribution, nous serions immédiatement transférés en Allemagne, à *Ferline zu futz*. Nous lui avons fait comprendre, également par gestes, que toutes ses menaces n'amèneraient pas la ville à consentir à une chose insensée et impossible. Nous avons mis à notre explication autant de calme qu'il avait apporté de bas emportement à la sienne. Aussitôt qu'il nous a eu quittés, la consigne a doublé de rigueur : plus aucune communication extérieure, plus rien ne nous arrive que par l'intermédiaire du sergent et qu'après une minutieuse perquisition. Nous aurons, sans doute, du nouveau demain.

Lundi 20.

Même rigueur dans le traitement : nous n'avons plus d'autre communication que celle que j'ai imaginée et qui échappe à toute surveillance (1).

(1) Je n'indiquais pas notre mode de correspondance de crainte, si ma lettre était saisie, de compromettre notre intermédiaire. La fenêtre de notre cabinet de toilette donnait sur l'ancien cloître des Jacobins où est installé le télégraphe et qui échappait à toute surveillance. Le père de la directrice, M. Vaite, ancien percepteur, l'homme le meilleur et le plus dévoué, avait découvert en même temps que moi le parti qu'on pouvait tirer de ce voisinage. Le toit de son grenier affleurait à notre fenêtre, M. Vaite avait soulevé deux tuiles à notre portée, il prenait par là et nous rendait nos correspondances.

Une sentinelle est en permanence devant l'hôtel, empêchant qu'on ne stationne et qu'on ne nous fasse un signe. A deux heures, pendant que la sentinelle tourne le dos, Amyon, qui avait grimpé dans le grenier d'en face, nous annonce que les notables, au nombre de trente-deux, sont faits prisonniers pour n'avoir pas voulu consentir au paiement de la contribution de deux cent quatre-vingt-sept mille francs. Allons-nous être entassés quarante ici, ce serait dur.

Pour nous distraire de nos émotions, nous faisons une partie de bésigue ; nous en étions à la seconde manche lorsque la porte s'ouvre avec fracas : c'est Lamy, accompagné d'un officier d'Intendance, qui viennent nous annoncer que nous sommes libres, mais prisonniers sur parole. La joie que nous cause cette mise en liberté est bientôt tempérée lorsqu'on nous apprend que les notables et nous mêmes ne sommes élargis que sous la condition de verser en espèces quinze mille francs demain mardi et quinze autres mille francs après-demain mercredi. Je rentre dans ma famille aussi heureux qu'on puisse l'être avec les préoccupations que nous laisse une pareille liquidation. Quatre nuits passées sur une galette de matelas et à l'air qui jouait sous toutes les portes m'ont mis la gorge en piteux état, aussi je demanderai à être dispensé de la quête à faire à travers la ville pour recueillir les trente mille francs exigés.

Si la paix n'est pas conclue avant mercredi soir, nous n'en serons pas quittes à si bon marché ; nous voilà pris dans un engrenage d'où nous ne nous tirerons qu'après de rudes épreuves, je le crains.

A six heures, je suis convoqué, avec mes trois codétenus à la Mairie, où l'on doit nous rendre compte de ce qui a été fait pendant notre absence et aviser pour l'avenir. Ch. Amyon qui, depuis sa révocation des fonctions de chef de musique, ne décolère pas contre la municipalité en bloc, me presse de reprocher, tant au Maire qu'à M. Légerot, d'avoir héroïquement refusé toute concession tant que ce refus n'avait comme conséquence que de nous maintenir sous les verrous, mais de s'être brusquement décidés à payer trente mille francs des deniers de la ville pour se dégager de la griffe des Prussiens, aussitôt que cette griffe s'était abattue sur eux. Il ne me convenait pas d'exercer les rancunes d'Amyon, je fis simplement observer que je considérais le sacrifice de trente mille francs comme fait en pure perte, car il ne fallait pas croire les Prussiens assez naïfs pour ne pas, lorsque les trente mille francs seraient versés, exiger les deux cent cinquante-sept mille restant. Comme il serait de toute impossibilité de consentir à une aussi monstrueuse exigence, les incarcérations reprendraient de plus belle ; or, à tant qu'être otage, mieux valait l'être pour deux cent quatre-vingt-sept mille francs que pour deux cent cinquante-sept mille ; c'est trente mille francs qu'on aurait économisés.

M. Légerot reconnaît que j'aurais pleinement raison si la ville n'était pas tenue quitte pour les trente mille francs consentis : que, quant à lui, il considérait les Prussiens comme formellement obligés à ne pas exiger davantage. « Je désire bien vivement, ajoutai-je, que l'évènement me donne tort (1). »

(1) Amyon est une figure à ne pas laisser oublier. Musicien exceptionnellement doué, de l'enthousiasme le plus communicatif, il avait placé la musique municipale, qu'il dirigeait, à la tête de toutes celles de la région. On reconnait encore ses élèves à la sûreté de leur goût et de leur éducation musicale. Très choyé dans le beau monde et compté dans le monde officiel, en raison de l'action que son influence sur ses jeunes gens lui assurait, il secondait de toute son activité la politique impériale. En 1869, un incident qu'il considéra comme une atteinte à sa dignité, très chatouilleuse, vint le jeter brusquement dans l'opposition. M. Hyrvoix, chef de la police personnelle de l'Empereur, venait d'être appelé à la Trésorerie du Jura. Pour s'étourdir sur sa disgrâce (il devait cette disgrâce à l'Impératrice qui l'avait pris de grippe et pour cause), il menait grand train ; au mois de mai 1869, il donna une superbe fête à la promenade d'Astorg sur les monts de Poligny, fête à laquelle il convia tout ce qui se comptait dans la

région. Amyon ne fut pas invité et il en fut suffoqué. Le soir, la bande joyeuse de M. Hyrvoix, rentra à la Sous-Préfecture et ces dames ayant eu la fantaisie de danser, quelques-uns de ces Messieurs allèrent sonner à la petite maison de chanoine d'Amyon Il était onze heures : Madame Amyon, mère, réveillée brusquement, se mit à sa fenêtre. « On demande, lui dirent ces Messieurs, on demande votre fils à la Sous-Préfecture pour faire danser. » La fureur d'Amyon, et cette fois à juste titre, fut sans mesure. Quelques jours après avait lieu, à la Sous-Préfecture, le diner de la révision. Amyon, qui était des convives, ressemblait à un possédé, allant d'un groupe à l'autre, racontant son avanie, élevant la voix, à deux pas de M. Hyrvoix, pour traiter ceux qui l'avaient insulté de *pourvoyeurs* de l'Empereur, et j'atténue l'expression. On aurait essayé inutilement de le calmer.

Depuis cet éclat, la rupture fut complète, non seulement avec le monde officiel, mais avec tout ce qui s'y rattachait. Sans transition, Amyon devint centre gauche, puis après le 4 Septembre, qui lui sembla fait exprès pour venger son injure, il devint ardemment républicain. Ses amis les plus éprouvés, entre autres Outhier, étaient désolés de ses emballées et le rappelaient inutilement à la modération. Rien n'y faisait. Un jour qu'il essayait de m'endoctriner, il me dit à brûle-pourpoint : « Mais, vous n'êtes donc pas républicain ? — Pas le moins du monde, lui répondis-je, et vous ? — Moi, je l'ai toujours été ! » Le plus fort, c'est qu'il était sincère.

Le réveil ne fut pas long à venir. Des aigrefins, qui le faisaient monter à l'échelle et l'excitaient dans ses ferveurs de nouveau converti, imaginèrent de l'en récompenser en le faisant révoquer, sous prétexte d'économie, de ses fonctions de chef de la musique municipale, fonctions qu'il exerçait depuis quinze ans avec autant de supériorité que de dévouement. Amyon était une nature foncièrement généreuse ; on aurait fait appel à son désintéressement qu'il aurait renoncé à tout traitement et sans hésitation. Grâce à ses rares dons de professeur et d'exécutant, il aurait été en mesure, nous le savons, de se créer à Paris une très belle situation. Il avait préféré, par attachement à son pays, se confiner à Poligny qui ne lui assurait aucun avenir, à peine de quoi vivre, et il s'en voyait récompensé par une brutale révocation qui était contresignée par plusieurs membres du Conseil municipal, ses amis d'enfance. Il ne se consola jamais de cette avanie si imméritée ; le chagrin qu'il en ressentit était à la racine de l'affection qui l'emporta à l'âge de cinquante ans, en 1876.

III

Mardi 21 Février 1871.

On a recueilli sans aucune difficulté, et dans la matinée, trente-deux mille cinq cents francs.

Si j'ai été dispensé de la quête, j'ai procédé à une autre corvée. Je rentrais, lorsque Philippe, mon jardinier, m'informe que nos fantassins ont recueilli un de leurs camarades tellement malade qu'ils l'ont monté à l'étage, en le soutenant sous les bras, et l'ont abandonné couché sur le plancher dans une mauvaise couverture. « Ce malheureux, me dit-il, fait pitié : il ne peut articuler un mot et chacune de ses respirations est une plainte. Je l'ai mis au lit, mais aucune mesure ne peut être prise, les officiers n'étant pas là. » Mon médecin, un bourru bienfaisant, passait, je lui rends compte : « Eh bien, s'il crève, me répond-t-il, ce sera toujours un de moins ! » Puis se ravisant : « Mon premier mouvement n'est jamais le bon ; si c'est un Prussien, c'est encore un homme. Je ne serais pas assez naïf pour lui sacrifier mes malades ; mais si vous voulez faire une œuvre humaine, couvrez-lui la poitrine de ventouses sèches, en attendant que son docteur daigne s'occuper de lui. » Aussitôt dit, aussitôt fait ; je hérissai à ce malheureux la poitrine de verres à bordeaux, qui tous, se remplirent instantanément de cloques énormes et violacées. Mais quelle peste ! une chemise pourrie d'ordures et de vermine, une poitrine couverte de croûtes qu'on aurait cru des pustules si ce n'avait été de la crasse. L'opération terminée, il y eut un soulagement immédiat ; je le relevai sur ses coussins, lui bordai ses couvertures et le vis faire un effort pour parler. Je crus que c'était pour me remercier : « Moussié, — me dit-il, en grinçant de son rictus de haine ; — Moussié, Metz capoute ! Parisse capoute ! » Mon premier mouvement, comme celui du docteur, ne fut pas le bon ; toute la verrerie dont je venais de lui couvrir la poitrine, j'éprouvai un instant la tentation de la lui écrabouiller sur la figure. Puis je me calmai, me disant que les criminels c'étaient moins ces brutes inconscientes que ceux qui les ont travaillées au point de les affoler d'une pareille rage.

A ce moment-là même rentrait le plus courtois et le mieux élevé de mes officiers : après lui avoir raconté en quelle monnaie je venais d'être payé de mon bon mouvement : « J'espère bien, lui dis-je, que vous allez me débarrasser de ce chien enragé ? » Une heure après, arrivait de l'hôpital une civière où l'on chargea le malade ; comme il n'y avait sur cette civière qu'un matelas et qu'il faisait froid j'autorisai qu'on l'enveloppât des couvertures du lit. Mais je prescrivis à Philippe de l'accompagner jusqu'à l'hôpital, non pour me rapporter de ses nouvelles, mais pour me rapporter mes couvertures.

Ce soir, à cinq heures, quinze mille francs ont été comptés à notre chacal de Commandant de place. Nous lui avons dit que nous ne savions comment nous parviendrions à réunir les quinze autres mille et lui avons demandé s'il ne serait pas possible de nous proroger le délai : « Je vous accorderai, nous fait-il répondre, jusqu'à après-demain à la condition que vous verserez ce jour-là les deux cent soixante-douze mille francs, solde de la contribution. » Nous y voilà ! Nous crions tous à l'impossibilité. « Taisez-vous », nous crie-t-il d'une voix de tonnerre ; puis il reprend ses hurlements allemands, frappant sur la table du pommeau de son sabre et nous mordant des yeux.

L'interprète nous explique qu'il ne nous sera pas rabattu un denier et qu'on saura bien nous faire payer. Nous sommes ajournés à demain pour verser les quinze autres mille francs et discuter au sujet du solde. On s'aperçoit maintenant, mais un peu tard de la faute énorme qu'on a commise en offrant trente mille francs.

Donc, à demain de nouvelles luttes, de nouvelles transes pour le pays et nos foyers. Quoi qu'il arrive, je suis pour la résistance à outrance ; je sais qu'ils sont gens à ne reculer devant rien, mais oseront-ils, pendant un armistice, ajouter au système des otages celui du pillage ?

Mercredi 22 Février.

Rien aujourd'hui, le calme qui précède l'orage : une contribution de vingt-cinq francs par habitant est frappée sur chaque commune ; plusieurs malheureux maires viennent me demander ce qu'il doivent faire ; je les engage à la résistance, mais ce mot-là a-t-il encore une signification en face de la force brutale, de la violation implacable de tout ce qui est le droit et l'équité ? La commune de X... s'est lâchement conduite : à la première réquisition elle a compté, argent sonnant, la somme de dix mille francs, montant intégral de la contribution dont elle était frappée. Avec ce précédent, on va écraser toutes les autres communes, même les plus pauvres, et les obliger à l'impossible ; déjà pour nous à toutes nos réclamations, on nous répond : « Mais, et la commune de X... ! »

A sept heures, nous sommes au grand complet, trente-deux. Le colonel arrive avec quatre employés d'Intendance et son secrétaire. Il fait compter et compte lui-même l'argent comme un maquignon. On dit ces gens-là de première force en tout, assurément ce n'est pas en comptabilité, car ils ont mis, pour établir leur bordereau, le triple du temps que nous y avons mis nous-mêmes. Il fallait voir de quel air ils ont ensaché tout cela.

La somme raflée, la discussion commence : on nous demande quand nous paierons le surplus. Nous répondons que nous croyons avoir épuisé la ville, que toutefois nous demandons deux jours pour faire de nouvelles recherches et ce que nous trouverons nous le donnerons. On exige que nous fixions un chiffre, nous objectons que cela nous est impossible. Vociférations du colonel appuyées de formidables coups de sabre sur la table. — « Impossible, absolument impossible ! — Ecrivez sur cette feuille, nous fait-il dire, que vous ne voulez pas payer deux sous de plus ». — Nous éventons le piège ; il veut par un refus, qui ainsi motivé serait une bravade, exaspérer le général et se faire autoriser aux mesures les plus violentes ; nous protestons contre cette manœuvre et refusons de nous en faire les victimes. Il se lève alors d'un bond, nous déclare que nous sommes tous prisonniers jusqu'à l'entier paiement de la contribution et sort avec sa meute. Une immense huée d'indignation lui fait la reconduite. C'est aujourd'hui le Mercredi des Cendres ; écrasés sous la botte de ce soudard, nous n'avons pas besoin de recevoir de la cendre au front pour nous rappeler le peu que nous sommes.

Jeudi 23.

La séance avait eu lieu dans le cabinet du Maire ; immédiatement, la grande salle qui précède est remplie de soldats et notre porte gardée par quatre sentinelles. Nous ouvrons les fenêtres pour demander aux passants de nous faire apporter des matelas et des couvertures ; les passants sont dispersés à coups de crosse de fusil, on ferme brutalement les fenêtres avec interdiction absolue de les rouvrir. Nous ne recevrons rien, absolument rien du dehors. Nous voici donc trente-deux notables, parmi lesquels de vieux officiers, des septuagénaires qui n'ont commis d'autre crime que de n'avoir pas voulu consentir à la ruine de leur ville et qui, pour ce fait, sont traités comme ne le sont pas les derniers des récidivistes.

Nous avons pour prison le cabinet du Maire et la pièce de pareille dimension qui lui fait suite, quinze mètres carrés chacune et pas un matelas, pas une couverture, pas même une botte de paille, rien qu'une douzaine de chaises. Les plus âgés prennent les chaises, d'autres se couchent sur le plancher, glacés par l'air qui joue sous les portes ; d'autres, enfin, qui ne trouvent plus de place restent debout. Quant à moi, mettant à profit mes précédents de la Sous-Préfecture et prévoyant un peu ce qui allait arriver, j'avais apporté ma robe de chambre et des babouches que j'avais, avant la séance, cachés dans un placard. Après m'être délassé les pieds dans mes babouches et chaudement enveloppé dans ma robe de chambre, je me suis couché dans l'énorme coffre à bois du Maire. J'avais les genoux sous le menton, mais le dos appuyé et, à condition de me relever de temps en temps pour ne pas hurler de la crampe et des fourmis, j'ai pu dormir quelques heures ; et je suis le seul et pour autant je ne suis, ce matin, que d'une fraîcheur bien relative. Un jeu de cartes, trouvé dans le cabinet du Maire, avait distrait pendant la nuit les plus vaillants ; ce matin, il est brutalement saisi entre les mains des joueurs ; on arrache à la bouche des fumeurs pipes et cigares, on saisit jusqu'aux tabatières. Notre déjeuner arrive : toutes les bouteilles de vin sont confisquées, nous boirons de l'eau. Mais il y a mieux et il faut être prussien pour se montrer d'une bêtise aussi féroce, aussi méthodique et méticuleuse : ils ont farfouillé tous nos paniers pour confisquer nos desserts ! A quand le *pain sec ?* La discipline a pu faire de ces hommes-là des soldats, mais par vocation ils étaient gardes chiourmes.

A trois heures, quatre d'entre nous sont appelés dans la grande salle où nous attend le colonel. Il nous demande si nous consentons enfin à payer la contribution. Nous répondons que nous n'en sommes empêchés que par l'impossibilité ; il réplique alors avec ce débordement de violences qui lui est habituel, que si nous n'avons pas d'argent nous avons du vin, que, en conséquence, nous aurons à livrer à l'autorité prussienne pour deux cent cinquante-sept mille francs de vin, faute de quoi les caves seront mises au pillage. Nous rentrons pour délibérer au sujet de la réponse à faire à cette mise en demeure. Ceux qui n'admettent aucune concession (et je suis de ceux-là) n'ont pas de peine à démontrer qu'il n'y a que deux partis à prendre, soit de consentir à la contribution intégrale dont on ne rabattra pas un centime, soit de faire résolument tête aux exactions qui ne deviennent si brutalement pressantes que en raison de l'imminence de la paix. Le parti de la transaction l'emporte à une faible majorité : il est décidé qu'on offrira mille hectolitres de vin ou un nouveau versement de vingt mille francs. La délibération est remise au colonel qui nous la renvoie sans réponse, ce qui n'est pas de bon augure. Notre dîner s'en ressent : à huit heures, rien ne nous a été encore remis ; à force d'intrigue et sous prétexte d'une communication au secrétaire, je parviens à percer les lignes prussiennes et à arriver, suivi par une sentinelle, au secrétariat. J'aperçois là tous nos paniers accumulés ; ordre a été donné par le colonel de ne rien nous remettre avant son arrivée et, dans le cas où il ne viendrait pas, de ne laisser passer que du pain. Voilà le *pain sec*. Philippe, notre jardinier, qui a été pour nous dans toutes ces épreuves d'un dévouement d'ancien régime, n'avait pas voulu quitter son panier ; j'ai pu, malgré les cris de la sentinelle, avaler un bouillon et Philippe, sous prétexte de me serrer la main, m'a remis un petit flacon qui contenait un verre de vieille eau-de-vie ; je le distribue aux vieillards qui en ont plus besoin que moi, et aussi à ce brave Maire qui est éreinté et qui savoure avec une joie d'enfant ces deux doigts de *gloria* qui le relèvent un peu.

Quelques instants après, le Maire et moi nous sommes appelés par une des sentinelles ; nous trouvons, sur le pas de la porte de notre prison, le colonel de Dietz, le premier Prussien que j'aie eu à loger et qui est aujourd'hui l'hôte du Maire. Tous deux, nous n'avons eu qu'à nous louer de lui. Il venait nous dire que, en raison de l'estime et des sympathies que nous lui inspirons, il ne saurait assez nous engager à ne pas nous entêter à une résistance qui ne peut conduire la ville qu'à une ruineuse exécution. « C'est ajouta-t-il, la lutte du pot de terre contre le pot de fer. » Nous allions lui répondre, quand tout-à-coup se dresse entre nous, comme la statue du Commandeur au Festin de Pierre, le terrible colonel. Il n'y a pas à dire, cet animal-là, botté, éperonné, avec son sabre dans la main, son austère uniforme, ses yeux flamboyants, ne manque pas d'une certaine grandeur sauvage. Le dialogue qui s'échange entre eux nous fait l'impression de deux fers croisés et faisant étincelles à tous coups. Ce que nous croyons comprendre, c'est que notre garde chiourme reproche à son camarade d'avoir voulu encourager ses prisonniers dans leur résistance. Ça va être un sérieux grabuge entre ces Messieurs ; nous pas fâchés !

Notre seule préoccupation, dans cet incident, est de savoir si notre dîner n'en va pas encore être ajourné. A neuf heures enfin, nous sommes appelés à tour de rôle à la porte pour recevoir notre panier. Philippe, qui n'a pas démaré, est-là et, pendant que les sentinelles inspectent de leurs mains crasseuses chacun de nos plats, il me fait un signe pour m'indiquer qu'il y a anguille sous roche. Une fois en possession de mon panier, je le soulève et j'aperçois, en-dessous, une bouteille bordelaise adroitement ficelée au fond à claire-voie. C'est de ce magnifique vin des Arsures de 1865.

Je reprends ma distribution et fais des heureux en versant par rang d'âge ; j'y comprends ce pauvre sous-préfet Bergère qui fait pitié, somnolant, affalé sur sa chaise ; trois doigts de ce bon vin le ragaillardissent un peu.

Pour ma part, je n'en mène pas large : mes quatre jours à la Sous-Préfecture, l'horrible nuit dans mon coffre à bois, la plus horrible journée que nous venons de passer, tout cela m'a rompu. Encore une nuit blanche et je serais au bout de mon rouleau.

Vendredi 24.

Je m'éveille un peu réconforté. Hier soir, à force de recherches, j'ai trouvé dans un bas d'armoire un paquet de vieux drapeaux tricolores sans hampe et un bonnet à poils de 1830, quelque chose de monstrueux. J'ai fait sans scrupule de ces glorieux emblèmes un matelas, du bonnet à poils un oreiller ; puis, enveloppé dans ma robe de chambre, je me suis blotti dans un coin de la salle et n'aurais fait qu'un somme jusqu'à cinq heures du matin si je n'avais été éveillé au milieu de la nuit par un effroyable hurlement. C'était encore Bergère-Boulette ! On se demande comment ce malheureux résiste à l'existence qu'il mène ; il est sur pied nuit et jour, en fièvre, trépidant, ne fermant jamais l'œil, ne mangeant pas, obsédé sans trêve par la pensée de ses ennemis s'apprêtant à mettre en morceaux lui et *san sien*. Cette nuit, deux mauvais plaisants de nos codétenus, ayant Bergère à leur portée et de lourdes voitures passant dans la rue, se dirent de façon à être entendus de lui : « Ce sont les voitures cellulaires qui viennent nous prendre pour nous conduire en Allemagne ». Là-dessus, formidable hurlement de Bergère qui fait tressauter tous les dormeurs et lui a valu un concert d'énergiques bénédictions.

A dix heures, nouvelle communication de l'autorité prussienne ; on nous accorde jusqu'à dix heures trois quarts pour accepter le règlement intégral et sans condition de la contribution, faute de quoi, à midi, nous serons transférés en Allemagne et la ville sera livrée au pillage. La sommation nous est communiquée, elle est du général en chef. Ces Messieurs se permettent avec leurs victimes des plaisanteries à la prussienne ; la sommation se termine en effet par ces mots : « *Le conseil des notables demeure en permanence* ». Il n'y a plus lieu à discussion, tous les arguments pour et contre ont été épuisés. on procède au vote au scrutin secret. Treize voix se prononcent pour la résistance, quinze pour la soumission. C'est donc à deux voix de majorité qu'est décidé l'écrasement de la ville. Ce sont, du reste, de si terribles moments que ceux-là, que, inébranlablement résolu à voter non, je n'ai pas osé faire de propagande, la main m'a tremblé en déposant mon bulletin, et me tremblait plus fort en consignant, comme secrétaire, le résultat du scrutin et en voyant les *non* contrebalancer les *oui*. Enfin, le sort est jeté ! Je suis délégué avec le Maire, MM. Salins et les notaires pour aller régler les détails de ce désastre avec notre bourreau. Cet odieux colonel prend un air radieux et affable qui le rend plus hideux encore ;

il se montre des plus coulants sur toutes les questions de délai et nous autorise à aller dîner chez nous, à condition que tous, sur notre parole, nous nous représenterons à deux heures. Nous étions en demi-cercle autour de lui, je le touchais à droite ; tout à coup il se tourne à moi et, les deux mains tendues, il me dit : « Maintenant, Monsieur, amis ! » Je tenais ma revanche : je plonge les deux mains dans mes poches et lui dis en cinq mots pour qu'il comprenne : « Argent oui, la main non ! » Il a fait en arrière un bond de jaguar, mais, se reprenant et pour avoir une compensation, il va toujours les mains tendues à M. Salins et aux notaires ; les notaires et M. Salins font résolument demi-tour, les mains également dans leurs poches. Une partie de nos codétenus assistaient à la scène et en ont été soulagés. Quant à M. le Colonel, il a dû rengaîner ses mains et il nous a quittés avec une grimace de fauve qui voulait dire : « Nous nous retrouverons. »

Nous nous sommes en effet retrouvés. — A deux heures, nous étions au grand complet. M. le Colonel nous fait attendre une heure et demie. Je propose, en raison de l'incident de ce matin, de ne pas faire partie de la députation chargée de régler définitivement avec lui ; on comprend mes motifs d'intérêt général. Ce que j'avais prévu est arrivé ;

il était grincheux en diable, éclatait à tout propos faisant feu de partout. Enfin, après une heure de lutte et grâce à la tenacité de nos mandataires, le chiffre de la contribution est arrêté à deux cents trente-trois mille cinq cents francs.

Nous prenons l'engagement de négocier sans délai dans le but de parvenir à acquitter le montant de la contribution. Quand tout est conclu et réglé, nous nous apprêtons à sortir ; quel n'est pas notre étonnement lorsque, nous croyant définitivement libres et à des conditions suffisamment onéreuses, nous trouvons, à la porte du cabinet municipal, un poste qui nous refuse brutalement le passage et nous annonce que nous sommes remis au même régime que la veille. Cet acte d'arbitraire et de basse vengeance porte l'indignation au comble ; je me sens, moi, particulièrement responsable de cette aggravation du joug, en raison de ma bravade au Colonel ; je prends en conséquence la résolution de tout essayer pour obtenir justice. Je propose d'envoyer nos femmes dénoncer au général en chef le guet-apens dont nous sommes victimes. J'écris à l'instant la lettre de demande d'audience et les explications nécessaires..... Malheureusement nous ne trouvons personne qui ait le courage de faire parvenir cette lettre, et il y en a au moins deux, membres du

Conseil municipal, qui, n'étant pas des otages, pouvaient sans le moindre risque porter ma lettre à ma femme, tous deux se sont dérobés. L'indignation rend ingénieux : je sors du cabinet ; arrêté par les sentinelles, j'en appelle à l'officier d'ordonnance du colonel auprès de qui j'invoque le prétexte de Géronte :

> Certain besoin pressant m'appelle en certain lieu.

Il faut dire que lorsque nous sommes appelés en ces certains lieux-là, nous y sommes escortés par une sentinelle qui, le fusil au pied, ne nous perd de vue à aucun moment ; de telle sorte que nous voyons déployer les honneurs militaires pour des opérations auxquelles ils ne semblaient pas spécialement réservés. Le chef de poste me voyant autorisé par son officier n'ose pas me faire accompagner ; me voilà au Secrétariat qui est plein de Prussiens hurlant des réquisitions. Je saute sur le chapeau du Secrétaire, le père Cessin, je me mêle à la cohue des casques à pointes et, au lieu de prendre la direction de *certain lieu*, je sors du Secrétariat. Il m'a fallu un effort sur moi-même pour descendre l'escalier posément et en sifflotant... je me trouve enfin dans la rue à l'air libre... à nous deux, mon colonel ! —

En moins d'un quart d'heure, j'ai trouvé le

moyen de réunir à ma femme Mesdames Dornier, Salins, Ligier, Faton, Fargé et Mayet ; j'obtenais pour elles une audience que le général n'osait refuser et, à six heures, je lui présentais ces dames. Le général Franséchi est de très belle prestance, de taille moyenne, fort sans être gros, de beaux traits mâles, sans rien de la brutalité prussienne. Je lui avais à peine présenté ces dames que, d'un ton d'autorité peu rassurant et en parfait français, il me demande qui j'étais. Je faillis être interloqué, mais je ne tarde pas à me ressaisir : m'avouer juge de paix, c'était confesser que j'étais en rupture de ban. Comme, en pareille rencontre, tout mauvais cas est niable, je répondis que j'étais professeur au collège. Le chapeau minable du père Cessin, que j'avais sous le bras, mon col de chemise que j'avais traîné une première nuit dans mon coffre à bois, une seconde nuit sur mon bonnet à poil, me donnaient l'allure du plus modeste des pions. A un signe qu'il me fit de la main, je me fis l'interprête de ces dames et ce que j'avais vu endurer et enduré moi-même me dispensait de me battre les flancs pour y mettre de l'émotion. La série des persécutions exercées sur les pékins le laissèrent impassible, mais lorsque j'ajoutai que, parmi ces notables, il y avait moitié d'anciens soldats, quelques-uns officiers supérieurs, qui se voyaient traiter par un colonel comme on ne l'était pas aux compagnies de discipline, je vis ses traits se contracter, il leva la main pour m'interrompre et dire à ces dames : « La guerre, Mesdames, a ses lois implacables, quelquefois aussi dures à ceux qui les appliquent qu'à ceux qui les subissent. Vous pouvez vous retirer, assurées que je ferai ce qui sera possible pour vous accorder justice. »

Depuis deux jours que j'avais été réduit, comme ustensile de toilette, à un verre et à mon mouchoir de poche, vous comprendrez que, aussitôt libéré, j'aie senti le besoin de prendre une large compensation. J'étais en plein débarbouillage quand quelques-uns de mes codétenus firent irruption dans ma chambre pour me remercier de leur libération et me rendre compte. Un quart d'heure après notre sortie du quartier général, le colonel était venu à la Mairie et avait fait dire à ses prisonniers par l'interprète : « M. le colonel vient d'intercéder pour vous auprès du général, vous êtes libres, mais sur parole et sur l'engagement que vous avez pris d'acquitter la contribution. » Quel toupet, ce Poméranien !

Nous sommes tout au soulagement d'être libres et propres, et nous renvoyons à demain pour aviser.

Samedi 25 Février.

Nous nous retrouvons six au rendez-vous dès le matin à la Mairie. M. Ligier a été informé, hier soir, que notre libération provisoire a été arrachée au général par ces dames, mais qu'il n'aura pas le pouvoir d'empêcher de nouvelles mesures et de toute rigueur pour nous amener à régler la contribution. Les ordres partent de plus haut que lui ; le chancelier tient à rapiner d'abord, ensuite à atteindre le pays et il n'est pas homme à s'arrêter aux scrupules d'un de ses généraux. D'un autre côté, l'armistice expire demain à minuit ; la continuation de la guerre est une impossibilité et il n'est pas admissible qu'un traité de paix, si implacable qu'il soit, maintienne l'exigibilité des réquisitions consenties, mais non soldées. Quant à l'engagement qu'a pris la ville, il l'a été sous la pression d'une telle violence qu'il est entaché d'une nullité absolue et nous laisse le droit de nous y dérober par tous les moyens. Les Prussiens, nous voyant à la veille de leur échapper, vont certainement recourir aux mesures les plus extrêmes ; de notre côté nous tenterons tout le possible pour les convaincre de notre résolution de payer et pour atteindre, sans nous exécuter, le terme qui nous libérera. Dans ce but, nous décidons d'envoyer quatre d'entre nous, deux à Genève et deux à Besançon, avec pleins pouvoirs de la ville pour contracter un emprunt avec recommandation de n'en rien faire.

Nous nous rendons immédiatement, conduits par le Maire au quartier général, pour notifier cette décision. Nous sommes reçus par le colonel chef d'état-major, auprès de qui le Maire insiste pour que nous ne soyons plus laissés en proie au commandant de place, et pour qu'il nous permette de traiter directement nos affaires avec lui. Il y consent, mais il ne nous laisse pas ignorer l'obligation qui lui sera faite de recourir à des moyens d'énergique exécution si, demain matin, la contribution n'est pas acquittée. Le Maire objecte l'impossibilité pour nos mandataires de revenir demain soir de Besançon et de Genève. Le colonel insiste pour que les mandataires partent aujourd'hui. Le Maire répond que les pouvoirs à établir pour les mandataires et le manque absolu de moyens de transport rendent le départ pour aujourd'hui impossible. Le départ est renvoyé à demain. Quant aux moyens de transport, ils me rappellent le mot de Charles IV de Lorraine. Lorsqu'il apporta, en 1636, son étrange secours à la Franche-Comté, il disait en arrivant : « Si, dans six mois, il reste une vache vivante dans le pays, je m'engage à l'habiller de velours. » Les Prussiens auraient pu en dire autant de nos chevaux. Il ne serait pas possible d'en découvrir un dans la zone occupée. Le chef d'état-major s'offre à nous faire conduire à destination. Refuser serait montrer le bout de l'oreille. Comme nécessité n'a pas de loi, nous acceptons sans nous arrêter aux difficultés que nous imposons aux mandataires lorsqu'ils pénétreront dans la zone libre avec un cocher en livrée prussienne.

On désigne MM. Bonnet et Lamy pour aller à Genève, M. Lambert et moi pour aller à Besançon. Demain je vais donc revoir ma famille et peut-être aurai-je des nouvelles de ce pauvre Marcel. Quelles seront-elles ! Pourrai-je mettre ce nouveau tome à la poste à Besançon ? Je l'emporte à tout hasard.

Chez vous pas le moindre accident. Vous en serez quitte pour une note énorme chez votre boucher et pour une brèche dans votre caveau, très large mais très légère. Vous vous rappelez ce beau vin de 1865 qu'un maladroit de caviste nous avait collé au sang ; ce n'était plus de l'alcool, c'était de l'éther et il vous grisait rien qu'à le regarder dans le verre. Sur mes instructions, votre domestique l'a servi à vos Prussiens comme ordinaire et au dessert ils y mélangeaient une large lampée d'eau-de-vie. Ce n'est pas pour rien qu'ils ont la tête carrée.

Il faut reconnaître toutefois, pour être équitable, que, à peu près partout, ils se sont contentés de ce qu'on leur a donné, très largement du reste, et que nulle part ils n'ont essayé de pénétrer dans les caves. Vous savez ce que l'on racontait sur les risques que faisait courir l'invasion à l'honneur des femmes. Il n'y aurait à ce point de vue, à Poligny du moins, absolument rien à déplorer, si, la semaine dernière, dans le faubourg de Charcigny, un Poméranien ivre n'avait tenté d'abuser de l'hospitalité de sa logeuse, la mère *Chose,* qui aura ses soixante-dix-sept printemps aux prunes. Le Maire, qui passait dans le quartier et a fait procéder à l'arrestation de cet étrange criminel, disait pour couper court aux inventions des commères : « Ce n'est qu'un cas d'ivresse manifeste. »

Besançon, Dimanche 26, dix heures du soir.

Dès six heures, ce matin, nous sommes demandés au quartier général. Le chef d'état-major nous renouvelle ses recommandations et la menace de l'exécution à laquelle la ville serait exposée si, demain soir, nous ne nous étions pas acquittés.

Dans la cour nous attendait notre attelage, une lourde patache avec deux forts chevaux tenus en bride par un Prussien en petite tenue. C'est un beau gaillard blond et rose, à figure avenante et bon enfant, qui se montre très empressé. Je fais monter en voiture avec nous Philippe, qui est débrouillard et nous dispensera d'être à la merci de notre Poméranien. Il fait un temps radieux, une de ces belles matinées de premier printemps, et nous sommes douloureusement frappés du contraste de cet éclatant soleil et de la paix de la nature avec les horreurs partout déchaînées de la main des hommes. A Quingey, nous faisons étape ; on nous prévient que nous ne pourrons pas prendre la route nationale qui est coupée sur plusieurs points. Nous sommes donc obligés de suivre la route abandonnée des Confitemini. Arrivés au sommet, nous trouvons la route coupée par un large fossé, sur un point où elle est en fort contre-haut, ne laissant aucune possibilité de tourner. Nous perdons une grande heure à transborder notre patache et, sans l'audace et l'adresse de notre Prussien rompu à de pareilles manœuvres, nous n'en serions pas sorti. A deux pas de là, nous trouvons des retranchements, la terre couverte de bourres et de débris de cartouches, les friches environnantes parsemées de fosses fraîchement comblées. Vous avez, comme moi, suivi jour par jour, avec angoisse, les détails de cette affreuse guerre sur la terre de France ; mais ce que vous ne pouviez prévoir, c'est ce qu'on éprouve de déchirant a découvrir-là, devant soi, les stigmates de cette guerre et dans des chemins tout remplis de nos souvenirs d'enfance.

Nous rencontrons des voyageurs venant de Besançon à qui nous demandons anxieusement s'ils ont des nouvelles de la paix. Il nous répondent que, à deux heures, ils avaient quitté la ville et que rien encore n'y était parvenu. Il est quatre heures et c'est à minuit que doivent reprendre les hostilités. Serait-il vraiment possible que l'on poursuivit cette guerre insensée ? En approchant de Vorges, limite de la zone occupée, j'aperçois plus clairement et avec plus d'inquiétude les risques que peut nous faire courir notre conducteur. Je rappelle à M. Lambert ce que l'on peut redouter de l'exaspération des foules : rentrer à Poligny sans argent ce sera déjà laborieux, mais rentrer sans Prussien ni chevaux, notre sort serait loin d'être enviable. M. Lambert partage mon impression, et j'essaie de faire comprendre à notre conducteur qu'il lui faut retourner. Lui indiquant la direction de Besançon, je lui dis : « Là-bas capout ! » Il ne se le fait pas dire deux fois et retourne sa carriole.

Je recommande à Philippe d'aller jusqu'à Quingey où il attendra notre retour. A Busy, nous atteignons les avant-postes français. Une sentinelle avancée nous arrête et sous escorte nous sommes conduits au commandant du détachement à qui je produis le sauf-conduit que nous a délivré le Maire ainsi que ma commission de juge de paix. Le commandant m'objecte que, les hostilités étant sur le point d'être rouvertes, il ne saurait prendre sur lui de nous autoriser à passer. Toutefois, comme il a une communication urgente à faire au général de brigade commandant la région et qui réside à Beurre, cette communication va être portée par deux lanciers qui nous escorteront. Nous nous mettons en route encadrés de nos lanciers que nous suivons sans efforts, leurs chevaux, qui n'en peuvent plus, étant obligés d'aller au pas. Sur toute la ligne, on se prépare à marcher en avant ; nous croisons à chaque pas des voitures d'approvisionnement, des caissons de munitions ; mais quelle misère, quel air d'épuisement et de défaite et qu'on sent bien la folie de lutter avec d'aussi misérables moyens contre la puissante et intacte organisation prussienne. A Beurre, nous sommes informés que le général est rentré à la Division et nous nous remettons en route. Nous entrons enfin à Besançon et, bien que nous n'ayons pas les menottes, on fait haie sur les trottoirs pour nous dévisager; il est manifeste qu'on nous prend pour des espions pris en flagrant délit.

Arrivés au quartier général, je demande à être conduit au colonel de Bigot, avec qui j'ai eu des relations personnelles et de service, il y a quatre ans, au beau temps où j'étais au cabinet du Préfet. Le colonel me tend les deux mains et je commence à renaître. Aux premiers mots de ce que j'ai à lui exposer sur ce qui a motivé notre mission : « C'est trop intéressant, me dit-il, pour que je garde cela pour moi » ; et il nous conduit auprès du général Roland qu'entourait une vingtaine d'officiers d'état-major. Au quartier général, bloqués comme ils le sont, ils ne savent rien des pratiques exercées à leur porte par les Prussiens. Quant à moi, depuis six semaines d'oppression, c'était la première fois qu'il m'était donné de me dégonfler ; je l'ai fait avec assez d'émotion pour soulever, à plusieurs reprises, des frémissements d'indignation dans mon auditoire. Le général nous a donné, sur la résistance à opposer, des conseils que la municipalité atténuera sensiblement dans l'application, car elle comporterait d'autres moyens que ceux qui sont à notre portée. Il ne fait, du reste, pas le moindre doute au sujet de la reprise des hostilités. L'audience finie, je suis reconduit par deux officiers d'état-major qui, d'ordre du général, renvoient notre escorte. Je vois ces jeunes gens plein d'entrain et impatients *de jouer des mains,* comme dit Montluc, et nous les comprenons. Mais nous, qui sommes désarmés ; qui devrons demain reprendre notre joug que nous aurons inutilement essayé de secouer ; qui devrons subir, à nouveau, et cette fois sans espoir, la série aggravée des persécutions que nous connaissons, nous sentons, à la pensée d'un tel lendemain, le cœur nous défaillir.

Je puis enfin arriver dans ma famille à sept heures du soir : la joie que j'ai éprouvée à nous retrouver tous au complet m'a allégé pour un instant le poids du passé et de l'avenir. Avant d'entrer chez mes frères, je m'étais arrêté chez vous, mon cher Léon, pour avoir des nouvelles de votre cher malade. J'apprends que à la fièvre typhoïde a succédé une fièvre rhumatismale, un véritable martyre, et que le danger n'a pas cessé. Quelle croix, mon pauvre ami, et Dieu veuille que vous et les vôtres n'en soyez pas écrasés !

Poligny, lundi soir, 27 Février.

J'ai eu une affreuse nuit : un cauchemar m'a réveillé à deux heures, je rêvais que notre Prussien avait été mis en pièces à Vorges par la population. Une fois éveillé, j'ai eu beau me dire que c'était un rêve, j'avais l'esprit frappé et n'ai repris le dessus qu'au jour. A sept heures du matin, je vais à la Division demander à ce que nous soyons rapatriés par un équipage du train jusqu'à Quingey, où nous devrons retrouver notre attelage prussien. Le colonel de Bigot fait gracieusement droit à ma demande, et il m'apprend que les préliminaires de la paix sont signés. Enfin! c'est une dépêche arrivée à deux heures du matin qui en a apporté la nouvelle (1).

(1) La plupart des historiens fixent au 25 février la signature des préliminaires de paix. Je ne m'expliquais pas comment l'avis de cette signature n'était parvenu à Besançon que le 27 dans la nuit. La vérité sur ce point vient d'être fixée par la publication des lettres de Julius Joly, premier ministre du grand duc de Bade, qui, en cette qualité, assista à toutes les négociations du traité de paix. Il écrivait à sa famille, de Versailles, le 26 février 1871 :

« Quand le ministre de Bavière et moi nous vîmes Bismarck hier à midi (par conséquent le 25), il nous apprit qu'il venait de se mettre d'accord, verbalement, avec les négociateurs français, sur l'essentiel des préliminaires de paix qui doivent être *fixés aujourd'hui par écrit*.

» Nous étions très inquiets que la chose échouât, mais les plus enragés Prussiens commençaient à espérer qu'elle échouerait, le camp allemand se sentant assuré que le but, déjà magnifique, serait dépassé le lendemain, malgré les derniers spasmes de l'ennemi impuissant.

» Cet après-midi Bismarck termina avec les Français en deux ou trois heures; nous n'avons assisté qu'à la signature, après

L'immense soulagement que j'éprouve en apprenant notre délivrance est de courte durée ; le colonel, en effet, m'énumère les monstrueuses conditions de cette paix : l'Alsace et la Lorraine deviennent allemandes, et une contribution de guerre qui dépasse l'imagination et dont l'idée n'a pu germer que dans la cervelle d'ogre d'un Bismarck, cinq milliards ! Nous voilà avec de la haine inextinguible sur la planche et pour des siècles ! Rien en ce qui concerne le réglement des réquisitions non payées et il n'y a guère à espérer qu'un pareil traité n'ait pas, encore sur ce point, violé le droit et l'équité.

Nous nous préoccupons en conséquence immédiatement, M. Lambert et moi, d'assurer le but

qu'il nous eut instruit des dernières négociations. Bismarck fut pour ainsi dire fascinant, aimable dans la grandeur. Les Français avaient peine à garder leur contenance. Dieu veuille qu'un homme d'Etat allemand n'ait jamais à vivre pareil moment !

» Donc *aujourd'hui, après midi, à quatre heures douze minutes*, était signé le plus glorieux traité de paix que l'Allemagne ait jamais conclu. Bismarck, triomphant, procède à cette signature avec une plume d'or, cadeau patriotique de Pforzheim, qu'il montra auparavant aux Français. »

C'est donc le 25 que l'accord verbal s'est fait entre les négociateurs sur les bases des préliminaires de la paix, et ce n'est que le 26 que ces préliminaires furent consacrés par la signature des parties contractantes. Il se conçoit que, en raison de l'état des moyens de communication, le traité, ayant été signé le 26, à quatre heures du soir, la notification n'en soit parvenue à Besançon que le 27, à deux heures du matin.

de notre voyage : prouver aux Prussiens que nous avons fait notre possible pour trouver de l'argent, mais n'en point rapporter. Nous serons peut-être piétinés encore pendant quelques jours, mais la certitude de la paix nous rendra légère cette dernière avanie. Nous allons à la Banque de France et dans tous les établissements de crédit de la ville : partout nous obtenons l'attestation qu'aucun emprunt n'y est réalisable pour une somme quelconque, le numéraire, en prévision du siège, ayant été transporté à l'étranger. On nous remet du papier monnaie créé par la ville et qui est la démonstration de la disette absolue du numéraire.

A midi nous partons, conduits par un soldat du train. En raison des difficultés de la route, nous n'arrivons qu'à trois heures à Quingey où nous retrouvons intact notre Prussien et nous nous remettons en route. A Buvilly, nous sommes arrêtés par un poste et nous le sommes à nouveau en entrant à Poligny : il faut, en dépit de notre conducteur, exhiber notre laisser-passer. Cette façon d'entendre les préléminaires de la paix ne nous rassure pas sur l'effet que produira l'exposé du résultat de notre mission. A la garde de Dieu ! J'avais eu la satisfaction, en quittant Poligny, de voir les Prussiens sortir de ma maison pour se porter aux avant-postes à Lons-le-Saunier ; à mon retour, je trouve ma maison occupée comme au premier jour. On tient décidément à ne pas me laisser chômer ; on m'accablait de logements quand j'étais en prison, on m'en accable quand je quitte ma famille pour le service de la ville ; il faut se dévouer pour la satisfaction de sa conscience (1).

Je me mettais à table lorsque l'on me fit entrer le Maire qui m'apportait la meilleure des nouvelles : un exprès, envoyé par le Préfet du Jura, venait de lui annoncer que les préliminaires de la paix annulaient toutes les réquisitions non soldées le 25 à minuit. Sous le coup de pareilles émotions on ne se complimente pas, on s'embrasse, ce que nous faisons cordialement le Maire et moi. Il m'apprend en outre que notre odieux colonel comparaîtra devant un Conseil d'enquête pour répondre de sa brutale algarade à M. de Dietz. C'est le jour aux bonnes nouvelles.

Mercredi 1er Mars 1871.

Voici, mon cher Léon, l'épilogue de cette dou-

(1) J'ai su, plus tard, que j'avais dû d'être écrasé de logements aux rancunes d'un employé de la Mairie, à qui j'avais eu le devoir de déplaire dans l'exercice de mes fonctions.

loureuse correspondance et c'est une espérance qu'il apporte.

Ce matin, j'étais sur ma terrasse à jouir d'un admirable soleil de printemps, quand j'entends un coup de sifflet retentir au point où la ligne du chemin de fer débouche d'Arbois sur Poligny. C'était une locomotive avec son panache blanc. Ce coup de sifflet, que nous n'entendions plus depuis deux mois, de quel frisson il m'a fait tressaillir ; c'était comme l'appel du pays qui nous revenait ! Cette locomotive elle nous amenait un Polinois qui porte dignement un nom sans reproche de notre histoire : c'était le marquis de Froissard, officier d'état-major attaché à la 7e division. Il venait, au nom du général Roland, négocier avec l'état-major prussien la réouverture de la ligne de Bourg et des services postal et télégraphique.

La nouvelle s'en est répandue comme une traînée de poudre et, quand M. de Froissard monta la Grande-Rue pour se rendre au quartier général, tout le monde était sur les portes et aux fenêtres. Ah ! ce bien aimé pantalon rouge, cet uniforme d'état-major si élégant, ce beau et fier gentilhomme qui semblait affirmer devant l'ennemi triomphant l'impérissable honneur de la France, tout cela c'était comme la résurrection du drapeau !

Il ne pouvait être question d'ovation, mais tous nous avons senti sourdre en nous une certitude : c'est que si la Providence permettait que la patrie nous revînt personnifiée par ce noble soldat, c'était nous dire que cette patrie ne devait rester ni mutilée ni ruinée et je me suis répété, pour me relever l'âme, ce mot que disait, il y a quelques jours, le duc d'Aumale : « La France est cassée, mais les morceaux en sont bons ! »

Nous pouvons nous dire maintenant, mon cher Léon, et de tout cœur, à bientôt.

L'ATTENTAT DE POLIGNY

DU 2 AOUT 1871

ET M. DE BISMARCK

M. le marquis de Gabriac a publié récemment ses *Souvenirs diplomatiques* sur l'époque où il a représenté la France comme chargé d'affaires, d'abord à Saint-Pétersbourg, pendant la guerre de 1870 ; ensuite à Berlin, en 1871, après la signature de la paix. La presse, non seulement en France mais à l'étranger, a été unanime à apprécier la haute valeur historique de ces *Souvenirs* (1).

(1) *Souvenirs diplomatiques de Russie et d'Allemagne*. E. Plon et Nourrit, 1896.

La première entrevue de M. de Gabriac avec le prince de Bismarck offre un intérêt tout particulier, en raison de l'état d'esprit où se trouvait le chancelier de l'empire allemand qui, au lendemain du jour où il avait signé la paix avec la France, avait conservé contre elle et devait conserver jusqu'à nos jours toute l'animosité de ses passions premières. On en eut une preuve significative, quelques mois après cet entretien, dans l'incident provoqué, en novembre 1871, par le verdict de la cour d'assises de Seine-et-Marne, et qui motiva toute une correspondance diplomatique des plus acrimonieuses entre les cabinets de Paris et de Berlin.

Mais il est un autre incident où s'est trouvé mêlé le nom de la ville de Poligny, et sur lequel il n'est pas hors propos de donner quelques détails. Ma personnalité y est directement en jeu, ayant dû, en ma qualité de juge de paix, procéder à l'instruction ouverte au sujet du meurtre de deux dragons prussiens. Ce meurtre, commis à Poligny, le 2 août 1871, a failli entraîner pour cette ville le sort de Bazeilles, et pour le pays, nous l'établirons, de graves complications par la menace de la rupture des négociations de Francfort. Mon témoignage peut donc avoir quelque valeur dans cette circonstance ; et, après vingt-cinq ans écoulés, je crois avoir le droit de faire connaître, dans son exacte vérité, cet incident, sans m'exposer au moindre reproche d'indiscrétion.

Dans son entretien du 11 août 1871 avec le prince de Bismarck, le marquis de Gabriac, en vint à la question de l'amnistie, qu'il avait mission de réclamer en faveur de nos soldats retenus prisonniers en Allemagne par suite des condamnations qu'ils avaient encourues pour délits commis pendant leur captivité.

Le chancelier répondit que « quant à ceux qui avaient été condamnés pour avoir frappé des soldats allemands, il ne jugeait pas le moment venu de recommander au roi une mesure de clémence en leur faveur, au moment même où, à Poligny, ses compatriotes avaient été l'objet de mesures odieuses *de la part des Français, et sans empêchement ni protestation des autorités.* »

M. de Gabriac n'avait reçu aucune notification en ce qui concernait cet incident de Poligny. Il n'en fit pas moins les plus formelles réserves au sujet du caractère que lui attribuait le chancelier. Sa clairvoyance ne l'avait pas trompé. Il y avait, en effet, dans l'affirmation si précise de M. de Bismarck, une erreur manifeste, que je ne me permets pas de qualifier plus sévèrement, puisqu'elle paraît être dans la tradition politique du grand Frédéric, tradition élevée par le chancelier à la hauteur d'une institution d'Etat. Cette erreur singulière, je vais en fixer le caractère par la reproduction de documents d'une incontestable authenticité, et par la relation des faits qui méritent de n'être pas oubliés, tant en raison des drames qu'ils ont déchaînés que par l'instruction sans précédent à laquelle ils ont donné lieu.

Poligny, occupé par l'armée prussienne dès la fin de janvier 1871, avait été évacué deux mois après la signature de la paix, fin mai, les deux points extrêmes du département, Lons-le-Saunier et Dole, restant seuls occupés. Chaque quinzaine, un échange d'effectif avait lieu entre ces deux villes, le croisement avec séjour se faisant à Poligny. Un de ces croisements avait eu lieu le 2 août. Ce jour-là, j'étais en déplacement de service. Rentrant à dix heures du soir, je touchais aux premières maisons de la ville, lorsque j'entendis, partant du quartier haut, une détonation qui me fit l'effet d'une trappe de cave qu'on abattrait lourdement. J'étais rentré depuis environ vingt minutes, quand j'entendis un mouvement violent se produire dans la rue ; ayant ouvert une fenêtre pour me rendre compte, je n'eus que le temps de me retirer, ayant été menacé et mis en joue par une patrouille prussienne. Quelques instants après, rentrait mon domestique, qui m'apprenait que, vers dix heures, les Prussiens exaspérés on ne sait par quoi, s'étaient répandus dans la ville, massacrant tout devant eux. Il n'avait pu échapper à une exécution qu'en se faufilant, pour rentrer, de porte en porte. Je me préoccupai de me rendre immédiatement à l'hôtel de ville pour remplir mes fonctions d'auxiliaire du parquet et prêter mon concours à l'autorité municipale. Impossible de parvenir à l'hôtel de ville par la Grande-Rue, où j'aurais été écharpé à moitié chemin. Le jardin de ma maison donnant sur la campagne, je sortis par là et, par une ruelle aboutissant sur la Grande-Rue, je me trouvai à quelques pas de l'hôtel de ville, où j'arrivai sans encombre. La salle du rez-de-chaussée, servant de corps de garde, était pleine de monde ; ce qui me frappa tout d'abord, ce fut un malheureux dont la figure était inondée de sang et la peau du front rabattue sur les yeux. On dut me dire que c'était mon ami Drosne, inspecteur des forêts. A côté de lui se trouvait M Bernard, receveur des finances, avec une blessure au front, et le percepteur Mayet, qui avait le dos labouré de coups de sabre. Le maire me mit au courant des faits : vers dix heures, deux dragons prussiens abreuvaient leurs chevaux à la petite fontaine de la place, lorsqu'un coup de feu était parti, à une distance de vingt pas, du coin de la ruelle de l'Hôpital. L'un des dragons était tombé mort, l'autre grièvement blessé. Le rappel ayant immédiatement sonné, un capitaine, le sabre au clair, avait adressé une allocution en quelques mots au rassemblement de troupe qui entourait les victimes. Aussitôt les soldats se répandirent dans la ville ; toutes les maisons voisines du lieu du crime eurent leurs fenêtres brisées, leurs portes enfoncées ; des femmes malades furent criblées de coups dans leur lit. L'omnibus arrivait de la gare sur la place. Deux voyageurs s'y trouvaient, ils furent appréhendés et laissés pour morts sur la chaussée ; l'un d'eux mourait dans la nuit. Le cheval fut abattu et transpercé à coups de sabre.

Le conducteur, un nommé Maitrejean, avait été arraché de son siège ; on lui fit descendre la Grande-Rue ; deux soldats, qui tenaient leur sabre par la pointe, le rouaient de coups du pommeau, y mettant les derniers efforts ; deux autres Prussiens le relevaient après chaque coup asséné. Ce malheureux de la tête aux pieds n'était qu'une plaie, et on se demande comment le corps humain peut résister à pareil martyre. Lorsque ces tortionnaires approchaient de l'hôtel de ville, un groupe sortait d'une maison voisine ; c'étaient l'inspecteur des forêts, le receveur des finances et le percepteur. L'inspecteur, bouleversé par les tortures qu'il voyait subir à Maîtrejean, s'approcha des Prussiens pour essayer de les apitoyer. Il avait à peine dit un mot que, à un commandement du chef, ils se retournèrent contre Drosne, et l'abattirent d'un coup de sabre sur le front. Ils frappèrent en même temps Bernard et Mayet, qui transportèrent leur ami évanoui à l'hôtel de ville. On y avait également transporté Maîtrejean, que les Prussiens avaient abandonné au milieu de la rue lorsqu'ils l'avaient cru mort.

J'étais à peine arrivé au corps de garde, qu'y arrivait à son tour l'officier qui avait commandé l'exécution. Avec son autorisation, on avait amené sous escorte le doyen des médecins de la ville ; lorsque le docteur eut examiné les deux blessés, il ne put comprimer l'expression de sa pitié. L'officier l'interrompit en lui disant : « Docteur, j'ai été votre hôte pendant quinze jours, j'ai pour vous les sentiments que vous inspirez à ceux qui vous connaissent. Je ne vous en donne pas moins ma parole que, si je vous avais rencontré, il y a trois quarts d'heure, je vous aurais passé mon sabre à travers le corps.

Il ne nous restait qu'à transporter chez eux les blessés, ce que nous dûmes faire, en raison de leur état avec les plus extrêmes précautions. M. Drosne ne s'est jamais rétabli, il a dû demander prématurément sa retraite, et il est mort, jeune encore, des suites de sa blessure. Maîtrejean a survécu, mais sa vie n'a été et n'est encore qu'un martyre.

Le lendemain 3, on publiait, dès le jour, un arrêté de l'autorité prussienne décrétant l'état de siège le plus rigoureux, sous menace d'exécution militaire à la moindre infraction. Je n'en considérai pas moins comme mon devoir de me rendre, dès la première heure, auprès du commandant de place. Ce n'était pas un de ces chacals tels que certain colonel, dont nous avions été la proie, lorsqu'il s'était inutilement ingénié à nous arracher 187,000 francs de contributions de guerre. Si implacable que je le sentisse dès l'abord, il m'accueillit en homme bien élevé, parlait le français admirablement et, si pénible que dût être l'explication que je devais avoir, elle devenait possible.

Je commençai par exprimer l'indignation que les autorités et la population éprouvaient du crime de la veille, crime qui ne pouvait être que le fait d'un misérable qui ne saurait se réclamer d'aucune nationalité, et qui n'avait pu avoir d'autre mobile que d'écumer sur le désordre que provoquerait son attentat. J'ajoutai que les représailles exercées sur une population innocente avaient été tellement implacables qu'elles ne sauraient se justifier par l'exaspération du premier moment, et qu'il en serait assurément, par d'autres que par moi, réclamé une réparation. Quant au crime en lui-même, j'allais, sans aucun délai, commencer mon information, qui était désirée de chacun pour l'honneur et la sécurité de la ville.

Le commandant me répondit qu'il accueillait avec satisfaction la protestation que je lui apportais des autorités et de la population et que, adressant à l'instant même un rapport sur le crime, il se ferait un devoir de les y consigner. Quant aux conséquences de ce crime, ce n'était pas à lui, ce serait à l'autorité supérieure qu'il appartiendrait d'apprécier quelles elles devaient être. « Les représailles, ajouta-t-il, dont se plaint la ville étaient de droit ; les Prussiens étaient à Poligny sous la protection d'un traité signé par la France, lorsque, par un attentat inqualifiable, on nous a assassiné deux soldats. C'est vous qui avez rouvert l'état de guerre, nos représailles n'ont été que la réponse à votre provocation. Quant à l'avenir, c'est bien au-dessus de moi qu'il se décidera.

» Je prends acte de votre engagement de rechercher activement le criminel, je proposerai, en ce qui me concerne, que cette recherche vous soit abandonnée, et je vous souhaite de réussir, car si le coupable n'est pas découvert, je crains qu'il n'en soit tiré une revanche que l'histoire enregistrera. »

Je ne me retirai qu'après avoir insisté sur ce qu'il y aurait d'excessif à considérer un crime individuel comme un acte d'hostilité, et à en faire peser, d'une façon impitoyable, la responsabilité sur une ville qui n'avait été qu'accidentellement le théâtre de ce crime.

J'eus besoin de faire appel à tout ce que j'avais d'énergie pour ne pas être écrasé sous le poids de la responsabilité que je sentais peser sur moi. Je me souvins tout d'abord des renseignements que m'avait fournis le maire, avec qui j'avais souvent conféré à la veille de l'invasion de ce qu'il y avait à en redouter. Il m'avait signalé trois malandrins, les plus fieffés drôles de la ville, et qui lui semblaient capables, en cas d'invasion, d'un mauvais coup en espérant des troubles où ils pourraient faire leur butin. J'étais malheureusement bien mal secondé : la municipalité de Poligny, désireuse de réagir contre ce qu'elle appelait l'oppression policière de l'empire, avait supprimé le commissaire de police, qu'elle avait remplacé par un simple brigadier ; cet agent bornait ses fonctions à la surveillance des cabarets, où il aurait dû commencer par se surveiller lui-même.

Je dus avoir recours à des hommes de bonne volonté et qui se chargèrent de recueillir, sur place et sans éveiller de soupçons, l'impression publique. Il résulta de cette première enquête que les trois individus qui m'avaient été signalés étaient dénoncés par la clameur publique comme auteurs de l'attentat; on prétendait les avoir vus rôder, le soir du crime, dans le quartier de l'hôpital; on articulait contre eux des faits précis d'espionnage. Ils étaient accusés d'avoir détourné des chassepots; bref, il y avait là un ensemble de faits qui pouvaient constituer une prévention, sans que l'on semblât recourir à cet adage de justice expéditive :

Qu'on ne saurait manquer, condamnant un pervers.

En sortant de chez le commandant de place, j'avais envoyé, par une estafette, un rapport sommaire au parquet d'Arbois, qui arrivait aussitôt, entendait les témoins que je lui avais indiqués, procédait à l'interrogatoire des inculpés et trouvait les charges suffisantes pour décerner contre eux un mandat d'arrêt et les faire transporter à Arbois.

J'avais conduit au commandant de place le substitut, M. Villiers, qui resta chargé de la direction de l'affaire ; je ne lui avais pas laissé ignorer les dispositions où il trouverait cet officier, la confiance absolue qu'il avait dans la justice du pays, mais l'inutilité qu'il y aurait à essayer d'obtenir, non pas une réparation, mais un mot de regret au sujet des représailles exercées sur le coup du crime. M. Villiers n'en dit pas moins ce qu'il croyait de son devoir de dire, et après avoir, au nom de l'honneur du pays, flétri le guet-apens du 2, il protesta contre les représailles avec la fermeté que lui dictait sa conscience de magistrat. Le commandant, tout en rendant hommage au sentiment du devoir qui faisait agir le procureur, n'en maintint pas moins le droit absolu en vertu duquel les représailles avaient été exercées et le seraient à nouveau si l'auteur du crime n'était pas découvert. Il renouvela l'expression de la confiance absolue qu'il avait dans la justice du pays ; le tribunal militaire était constitué, mais il accepterait l'information telle que le juge instructeur la lui livrerait.

Le 4 au matin, Poligny était réoccupé par un contingent de 800 hommes et dans un état de froide exaspération qui, étant donné l'état d'esprit des Polinois, pouvait faire tout redouter. L'information que je continuai ce jour-là modifia mon impression en ce qui concernait l'auteur du meurtre ; il en résultait que la clameur publique me semblait faire fausse route, et que le seul auteur de ce meurtre devait être un nommé Jacquin. Je savais déjà qu'une veuve Richard, habitant la rue de l'Hôpital, avait vu, un instant avant le crime, un homme, dont le signalement répondait à celui de Jacquin, sortant d'une traige en face de chez elle et portant sous sa blouse un bâton ou un fusil ; le coup de feu avait éclaté quelques secondes après. Jacquin était un malfaiteur des plus résolus et d'une violence de caractère qui le faisait redouter de tous, car on le savait capable d'exécuter les menaces de meurtre et d'incendie qu'il proférait en toute occasion.

Je considérais comme très important, au point de vue de la réussite de mes recherches, de ne pas éveiller les appréhensions de Jacquin, à qui les arrestations qu'on venait d'opérer allaient donner pleine sécurité. Le parquet avait partagé mon avis et me laissa une commission rogatoire, me chargeant de continuer l'information.

Le lendemain 5, je procédais dans mon cabinet à l'audition de cette veuve Richard, lorsque le brigadier de police me fut annoncé ; il m'apportait un fusil qui venait d'être découvert, par un nommé Reverchon, dans une auge à porcs abandonnée du faubourg du Treux.

Ce fusil devait, avait dit Reverchon, appartenir à Jacquin. Après m'être fait expliquer l'emplacement de cette auge, je constatai qu'elle se trouvait sur ce traige d'où était sorti le meurtrier, et qui était le chemin le plus court et le plus mystérieux conduisant du lieu du crime à la maison habitée par Jacquin, lequel avait dû cacher là son arme pour être vu rentrant chez lui les mains libres. L'arme qui m'était remise était un fusil à deux coups ; l'un de ces coups était encore chargé, l'autre était déchargé, mais l'intérieur du canon était recouvert d'une couche blanchâtre, comme en laisse la poudre fraîchement brûlée ; cette couche était rayée comme par des projectiles irréguliers. Je fis d'urgence appeler un armurier, qui confirma mes constatations sur le canon déchargé et qui, d'après lui, devait l'avoir été tout récemment. Je l'invitai alors à procéder à l'extraction du coup qui était resté chargé et lui recommandai de le faire avec les plus extrêmes précautions, de façon à laisser les bourres aussi intactes que possible.

Il fut retiré d'abord une bourre fraîchement froissée qui recouvrait huit chevrotines, taillées dans une balle et en reproduisant exactement le poids ; une autre bourre, jaunie et par conséquent insérée bien antérieurement à la première, recouvrait une charge de gros plomb oxydé ; enfin, une dernière bourre semblable à la précédente recouvrait la charge de poudre.

Les chevrotines avaient donc été ajoutées à la charge et tout récemment. Je procédai immédiatement à l'examen des bourres ; les deux anciennes provenaient d'un livre de prières et ne fournissaient aucune indication ; la troisième, celle qui recouvrait les chevrotines, était une lettre d'avertissement de la justice de paix. Ce n'était qu'un lambeau, mais en reconstituant les parties émiettées, je parvins à trouver d'abord le numéro d'ordre de l'avertissement, ensuite deux lettres du nom de celui à qui cet avertissement était adressé... *in ;* enfin de l'indication de la demande il ne restait que le mot *intérêts.* Je fis apporter le registre des avertissements et je constatai que celui portant le numéro de la bourre avait été adressé, le 3 août 1868, par un nommé Reverchon à Jacquin (Jean-Pierre-Marie), pour le paiement d'une somme de cent francs *avec intérêts.*

Il était huit heures : je fis appeler le maréchal des logis, lui enjoignant de s'assurer de la personne de Jacquin, contre qui j'allais lui décerner un mandat d'arrêt ; je ne lui laissai pas ignorer à quel point Jacquin était redoutable et les risques que comporterait son arrestation. Puis je procédai d'urgence aux dernières constatations qui devaient compléter les charges.

J'avais été imformé que la justice militaire prussienne avait demandé au maire un local pour procéder à l'autopsie du soldat assassiné, et que cette opération devait avoir lieu à neuf heures, à l'usine à gaz. J'avais obtenu du commandant de place l'autorisation d'assister, avec un médecin de mon choix, à l'opération ; je m'y rendis en hâte, emportant les huit chevrotines que j'avais recueillies. Au moment où j'arrivai, l'opération finissait et les chirurgiens me produisirent cinq chevrotines qu'ils avaient découvertes dans le cœur et les poumons de la victime. Ils ajoutèrent que ces projectiles étaient en tout semblables à un fragment qu'ils avaient extrait au soldat blessé ; deux autres de ces fragments qui se trouvaient dans les poumons, n'avaient pu en être retirés. C'était la contre-partie absolue des huit chevrotines trouvées dans le fusil ; de celles qui avaient été projetées, pas une ne s'était égarée. En remontant en ville, je rencontrai le maréchal des logis de gendarmerie avec trois de ses hommes ; il s'était assuré que Jacquin était à son domicile, et il allait procéder à son arrestation.

Cette arrestation eut une pleine réussite. Un gendarme avait été laissé en observation, les deux autres avec leur chef s'étaient introduits chez Jacquin. Celui-ci, en les apercevant, n'avait pas hésité à sauter par la fenêtre. L'homme en observation s'était mis à sa poursuite, l'avait rejoint près du chantier de la ville. Une lutte furieuse s'engagea, mais les trois autres gendarmes accourant au secours de leur camarade terrassèrent Jacquin. Si courte qu'eut été la lutte, Jacquin avait eu le temps de s'armer d'une main d'un casse-tête, et de l'autre d'une alène de cordonnier, arme des plus dangereuses. Les gendarmes durent lui tordre les poignets pour lui faire lâcher prise et purent le garotter. On avait saisi sur lui, en outre du casse-tête et de l'alène, des paquets de cartouches de munition ; à l'un de ces paquets il manquait deux cartouches, celles dont les balles avaient fourni les chevrotines. Ses poches étaient en outre bourrées de proclamations démagogiques et d'appel aux armes contre le gouvernement de M. Thiers.

Je savais, à n'en pas douter, que l'autorité prussienne, qui attendait le résultat de mon information, n'admettait pas qu'on lui contestât le droit de s'emparer de l'inculpé lorsqu'il serait arrêté ; je savais en outre, parce que cela m'avait été notifié, que l'inculpé entre les mains des Prussiens, c'était la cessation immédiate de l'occupation qui pesait si lourdement sur la ville et comportait tant de graves aléas. Mon strict devoir m'imposait de ne pas m'arrêter à de pareilles considérations, et je délivrai un réquisitoire à la gendarmerie pour que, par le premier train qui allait passer une demi-heure après, Jacquin fût transporté à Arbois et mis à la disposition de la justice du pays. Mais une telle arrestation n'avait pu passer inaperçue. Jacquin n'ayant cessé, dans le trajet de la gare à la gendarmerie, d'opposer aux agents une résistance désespérée et de pousser de furieuses vociférations.

Lorsque la gendarmerie arriva à la gare, elle y trouva un piquet de Prussiens commandés par un capitaine qu'accompagnait l'auditeur remplissant les fonctions de ministère public auprès du tribunal militaire. L'auditeur déclara s'emparer du prisonnier, en délivra un reçu et le ramena à Poligny. Avisé sans délai par le maréchal des logis, je lui prescrivis de prendre le train qui allait arriver en gare, dans le but d'informer le parquet de ce grave incident.

Avant de quitter la gare, le capitaine avait prévenu Jacquin que, à la moindre tentative d'évasion, il serait fait feu sur lui, et, de la part d'un officier prussien, la menace de faire feu n'est pas une menace en l'air. Les factionnaires prussiens n'escortent pas comme les factionnaires français leur prisonnier à droite et à gauche, ils se placent devant et derrière. Je vis remonter Jacquin, et je constatai qu'il fouillait anxieusement des yeux chaque ruelle devant laquelle il passait ; j'eus la certitude qu'il saurait ne pas négliger la moindre occasion de s'échapper. Il arrivait à cent mètres de l'hôtel de ville, où il allait être écroué ; une ruelle s'ouvrait à sa droite, descendant par une pente rapide sur la campagne. Lorsqu'il fut arrivé en face, il fit un brusque saut et se précipita dans la ruelle ; un des factionnaires lui lança un coup de baïonnette sans l'atteindre, et les trois autres firent feu sans l'atteindre davantage. Au bruit de la fusillade, je courus à ma terrasse, qui domine la campagne ; je vis Jacquin qui longeait à découvert, avec des bonds de cerf, le long mur du couvent du Saint Esprit ; il allait pouvoir tourner à gauche et disparaître, lorsque à un dernier coup de feu, il chancela et tomba sur l'accottement du chemin. Je courus sur les lieux ; une balle l'avait atteint à la cheville du pied droit et était sortie par le cou-de-pied ; c'était la plus douloureuse des blessures. Quand on voulut le charger sur une civière, il s'évanouit, et c'est sans qu'il reprit connaissance qu'on le ramena à l'hôtel de ville.

Si brisé que j'eusse été par les émotions, les

nuits d'angoisses et les luttes que j'avais traversées, je ne m'en rendis pas moins à la place pour protester contre la mainmise de l'autorité prussienne sur un prisonnier qui n'appartenait qu'à la justice française. Le commandant me répondit qu'il avait agi en raison de l'état de siège et des stipulations précises du traité de Francfort, dont se réclamait formellement le gouvernement prussien. J'étais dans l'impossibilité de discuter l'application à l'espèce du traité de Francfort, n'en ayant pas le texte, mais il me semblait étrange que ce traité pût contenir une disposition qui serait la négation de l'état de paix (1). Quant à l'état de siège, je ne voyais pas de quel droit il pouvait être édicté par l'autorité prussienne dans un pays qu'elle n'occupait plus en vertu de l'état de guerre, mais à titre de garantie de l'exécution d'un traité de paix. En tout cas, je considérais comme impossible de continuer une information contre un inculpé soustrait à la justice du pays. Il y aurait là violation des règles de notre droit

(1) L'objection que j'émettais là était parfaitement fondée : en effet, pas plus le traité préliminaire du 26 février, que le traité de Francfort et les articles additionnels à ce traité, ne renferment la moindre stipulation autorisant le gouvernement allemand à dessaisir la justice française de la poursuite des délits commis par ses nationaux contre des soldats allemands pour déférer ces délits à des tribunaux militaires.

criminel et un manquement à la dignité professionnelle auxquels je ne saurais souscrire. Le commandant me répondit qu'il ne pouvait que trouver respectable le scrupule que je lui exposais, mais que ma susceptibilité pouvait coûter cher à Poligny : « Vous avez, a-t-il ajouté, fait aboutir votre information avec une promptitude et une sûreté des plus méritoires, et vous avez sauvé par là votre ville de terribles risques ; si vous vous dessaisissez, le tribunal militaire reprendra l'information ; je connais sa façon d'opérer, ce n'est pas de quatre mois qu'il pourra la clore et ce sera pour Poligny la continuation, pendant ces quatre mois, de cette occupation dont vous vous préoccupez à si juste titre. Voyez si pareille considération n'est pas de nature à faire fléchir une question de susceptibilité professionnelle ? » Je répondis que ma décision, dans cette délicate affaire, intéressait autre chose que ma dignité personnelle, mais engageait l'action publique ; que je ne pouvais rien résoudre sans l'intervention du parquet, que j'avais fait prévenir par exprès et avec qui il aurait à discuter le jour même.

Quelques heures après, en effet, la discussion reprenait au tribunal militaire, en présence du commandant, contradictoirement avec le substitut, le juge d'instruction et moi.

Les magistrats français maintinrent avec énergie le droit exclusif de la justice nationale sur l'accusé et, devant l'invincible résistance des agents prussiens, dont l'argumentation se résumait en la formule de la force primant le droit, il fut convenu que, des deux parts, on recourrait, pour qu'il fût statué, à l'autorité supérieure et que, en attendant la solution, le parquet d'Arbois resterait saisi, et que je continuerais l'information.

Je n'en avais pas fini ce jours-là avec le commandant de place. J'étais à peine rentré qu'on m'annonçait le préfet du Jura. Si Gambetta avait résisté à l'intrusion des nouvelles couches dans le personnel diplomatique, la même résistance ne lui avait pas été possible pour le personnel administratif qu'imposait impérieusement la politique triomphante. M. Thiers, à son arrivée au pouvoir, dans le but de ménager l'opinion républiblicaine, n'avait pas voulu opérer de coupes trop sombres dans le personnel des préfets du 4 Septembre. C'est ainsi qu'on avait maintenu dans le Jura M. Paul Dumarest. C'était un beau garçon, fort en chair, type d'avocat d'assises, d'une rare inexpérience en affaires, et qui aurait été assez bon vivant s'il n'avait énervé les plus endurants par sa passion anticléricale qu'il poussait jusqu'à la manie. Il venait me demander de le conduire au commandant de place, à qui il avait une communication à faire. Les Prussiens, qui étaient corrects dans leurs rapports avec les fonctionnaires de tous ordres, se montraient d'une insolence de parti pris vis-à-vis de l'administration du 4 Septembre, où ils voyaient la personnification de leur bête noire, Gambetta. Il ne fallait pas leur demander la générosité des grands vainqueurs qui, en rendant justice à leurs adversaires malheureux, rehaussent leurs victoires. D'un autre côté, la légende de la défense nationale n'étant pas encore faite, Gambetta n'était guère pour nous tous que ce qu'il était pour M. Thiers, un fou furieux. Mais devant les Prussiens il personnifiait la France, et nous relevions vertement leurs lazzis laborieux et épais, dont le plus mordant consistait à appeler Gambetta *Grand bêta*. A cette occasion, nous leur faisions observer qu'il leur était plus malaisé de réquisitionner l'esprit français que nos pendules.

Je n'avais pas qualité pour demander au préfet ce qu'il comptait dire au commandant, et il ne me l'avait pas confié ; je croyais à une communication importante dont il était chargé par le gouvernement. Arrivé à la place et lorsque je l'eus nommé au commandant, je vis dès l'abord que l'explication n'irait pas toute seule. Le préfet lui-même en eut l'impression, et son exposé n'y gagna ni en assurance ni en clarté. Il débuta en flétrissant le meurtre des soldats prussiens, qui était un crime et qui devait être puni. Mais, pour cette punition, il suppliait l'autorité militaire de ne pas statuer par une décision sommaire; quelles que fussent, en effet, les charges actuelles, il était dans les choses possibles que ces charges arrivassent à être ébranlées; il serait désolant de se butter alors à un fait accompli. Tout cela fut exposé longuement, avec une façon tapageuse qui sentait beaucoup plus le basochien que le représentant du gouvernement. Le commandant ne dissimula pas son étonnement : il n'aurait pas été surpris de voir le préfet protester contre les représailles exercées sur le coup du crime et en demander réparation, comme l'avait fait la magistrature : c'était un point de vue que lui, Prussien, n'aurait pas admis ; toutefois c'était un point de vue. Mais que ce soit au sort du criminel que paraisse exclusivement s'intéresser M. le préfet, c'était aussi surprenant que peu fondé. S'il s'était en effet informé de l'état de l'affaire, il saurait que l'instruction en était absolument abandonnée à la magistrature du pays, qui continuerait l'information jusqu'à ce que, des deux parts, l'autorité supérieure eût décidé à laquelle des justices, prussienne ou française, devait être laissée la disposition de l'inculpé. Où pouvait-il y avoir là un risque quelconque d'exécution sommaire ? Cela dit, le commandant fit un pas vers la porte pour nous indiquer que l'audience avait pris fin. Le préfet, quelle que fût l'intrépidité de son assurance, me parut avoir conscience de l'étourderie de sa démarche ; quant à moi, je me rappelais que le procureur avait fait une autre figure. Le préfet ne pensa pas à me demander de le conduire à nos compatriotes victimes des représailles, et il n'en vit aucun.

Le tribunal militaire différa un instant d'avis avec le commandant de place ; le 6, en effet, il éleva la prétention de continuer une instruction de son côté, de me faire assister à ses opérations et d'avoir communication des procès-verbaux de ma procédure. Je m'y refusai nettement et avisai télégraphiquement le parquet, qui me répondit : « Vous avez bien fait de ne pas prendre part à l'instruction faite par l'autorité allemande, mais vous pouvez lui communiquer les pièces de la procédure que vous avez rassemblées contre Jacquin. »

Devant un pareil exposé des faits on jugera de la bonne foi des griefs articulés par le chancelier. Il avait été mis, dès le 3 et tous les jours suivants, au courant des moindres détails de l'incident et de la marche de l'instruction, et il n'hésitait pas, le 12, à affirmer que le crime avait été commis *par des Français, sans empêchement ni protestation des autorités.*

Il savait que le crime était le fait non de *Français*, mais d'un misérable sans aveu ; il savait combien il avait été humainement impossible aux autorités de s'opposer à la perpétration de ce crime et avec quelle unanimité elles l'avaient flétri. Mais il fallait qu'il s'assurât, en recourant à quelque moyen que ce fût, la possibilité de faire peser le plus lourdement possible son joug sur un adversaire abattu ; il fallait qu'il eût à sa portée un prétexte qui lui permît au besoin de rouvrir les hostilités. Aussi la *Gazette de la Croix* disait-elle encore, le 16 août, « que des actes comme celui de Poligny pourraient devenir le signal de la reprise de la guerre. » Tous les autres journaux à la dévotion du chancelier dénaturaient, avec la même perfidie, l'incident du 2 août. Le journal *le Temps* disait, dans son premier Paris du 18 août : « Nous avions déjà mentionné hier des bruits de difficultés survenues dans le règlement des questions que soulèvent l'indemnité de guerre et l'occupation allemande, La *Gazette de Spener*, dont nous avons l'article sous les yeux, la *Corres-*

pondance de Berlin et la *Gazette nationale* font prévoir une rupture ou au moins une suspension des négociations de Francfort. D'après ces journaux, les évènements déplorables qui ont eu récemment lieu dans le Jura seraient la véritable cause de l'attitude des représentants allemands. »

Le 6 au matin, je procédai à l'interrogatoire de Jacquin. J'avais informé la place : s'entendre avec le commandant était toujours facile ; il était courtois, d'humeur conciliante ; avec l'auditeur, c'était différent : on ne pouvait conférer avec lui que par un interprète, et, en raison de la difficulté de préciser les choses, on était exposé à voir remises en discussion, le lendemain, les concessions faites la veille. Ce jour-là même, je télégraphiais au parquet : « L'interrogatoire de Jacquin a entraîné une longue discussion entre l'auditeur et moi. Il me demandait d'y assister et de le faire lui-même. Je me suis nettement refusé à accepter pareilles exigences ; j'ai enfin obtenu de procéder à l'interrogatoire, seul. »

Lorsque je me présentai avec mon greffier à la porte de la cellule, je fus accompagné par une sentinelle, la baïonnette au fusil. Je croyais à une simple formalité de service, mais la sentinelle emboîta le pas derrière moi et vint se planter à côté du lit du prévenu. Je n'avais pas à discuter avec ce fantassin ; je levai la séance et me retirai, après avoir dénoncé au commandant de place l'étrange protection qui m'avait été imposée et que j'étais résolu à ne pas tolérer. Immédiatement il se rendit chez moi pour m'exprimer ses regrets au sujet de ce malentendu : dans une instruction conduite par le tribunal militaire, le règlement édicte qu'une sentinelle assiste à l'interrogatoire ; ce règlement m'avait été appliqué. Le commandant donna, séance tenante, des instructions pour que je puisse reprendre mon opération librement et seul.

Jacquin s'était échafaudé tout un système de défense. Il invoquait, pour la soirée du 2, un alibi ; il affirmait en outre que, son fusil lui ayant été volé depuis plusieurs mois, il n'avait participé en rien à l'assassinat pour lequel on le recherchait. Son alibi, je le fis s'écrouler par des témoignages précis que j'avais recueillis et qui démentaient absolument ses allégations. Le plan des lieux en main, je lui démontrai le chemin qu'il avait suivi pour se rendre sur le point où le crime avait été commis, puis, le coup fait, le chemin qu'il avait repris pour ne pas être vu, et pour se débarrasser de son fusil, afin que, s'il était aperçu rentrant chez lui, on ne le vît que les mains libres. Quant aux charges de chevrotines auxquelles il prétendait être étranger, lorsque je lui mis sous les yeux la bourre portant son nom, qui était pour ainsi dire la signature de cette charge ; lorsque je lui eus représenté les chevrotines qui, retrouvées tant dans le fusil que dans le corps de ses victimes, représentaient exactement les deux balles qui manquaient aux paquets de cartouches saisis sur lui, accablé par l'évidence, Jacquin se renferma dans un mutisme absolu. L'angoisse qu'il éprouvait à voir son crime découvert dans tous ses éléments, jointe aux douleurs intolérables de sa blessure, le rendirent livide et lui baignèrent la figure de sueur. Je considérai comme inutile de prolonger ce supplice. Après avoir consigné au procès-verbal le silence voulu où il s'était renfermé et lui avoir fait observer que, de sa part, c'était un aveu, je le fis signer et mis fin à l'opération.

Conformément à l'autorisation que m'avait donnée le parquet, je communiquai le résultat de mon information au tribunal militaire. L'ébahissement que ce tribunal exprima à l'exposé du résultat obtenu me confirma l'appréciation du commandant de place au sujet des interminables lenteurs de la justice militaire. A la suite de cette conférence, je télégraphiais au parquet : « L'autorité prussienne, rendant justice à l'esprit qui nous anime dans la recherche du crime du 2, a renoncé à faire une enquête contradictoire ; elle se contentera d'une simple copie de mon enquête que je termine à l'instant. »

Restait à intervenir la solution qui devait trancher l'attribution à l'une ou à l'autre justice de la personne du prévenu. Le gouvernement français, qui rencontrait dans le règlement des conditions de la paix des difficultés remettant chaque jour cette paix en question, considéra comme inutile de soulever à nouveau un incident périlleux. A supposer que, par impossible, notre revendication de l'inculpé fût admise et qu'il nous fût attribué, le crime étant établi et implicitement avoué, n'y avait-il pas à redouter que le jury criminel, aveuglé par tant de souvenirs douloureux, n'oubliât son devoir et ne se laissât entraîner à prononcer un de ces acquittements qui avaient récemment attiré à la France les derniers outrages des reptiles à la solde du chancelier et avaient fait infliger le plus implacable des états de siège à toute la région qui demeurait occupée ? Le gouvernement français s'étant abstenu d'entamer à ce sujet une négociation, les choses restèrent en l'état, et, le 19 août, le parquet d'Arbois rendait une ordonnance de dessaisissement.

Le 15 août, Jacquin avait été transféré à Dole,

et le 17, le maire de Poligny avait reçu du général commandant la division qui occupait la région la lettre suivante :

« Dijon, le 16 août 1871.

» Monsieur le maire, en considération de la précédente et louable conduite des autorités vis-à-vis des troupes en garnison, et comme la ville a témoigné, à la suite du malheureux attentat du 2 de ce mois, une réprobation générale non seulement en paroles mais en action, par les démarches heureuses des autorités et des habitants dans la découverte et la remise du meurtrier, je tiens à présent pour possible de délivrer la population entière de Poligny du fardeau qu'il était devenu nécessaire de lui imposer.

» Je ferai suivre cette lettre qui vous est adressée de l'ordre immédiat du retrait de la garnison de Poligny sur Lons-le-Saunier. M. le juge de paix de la ville a essentiellement contribué, par ses recherches scrupuleuses et assidues, à la découverte du meurtrier et à la preuve des faits ; je prie donc M. le Maire de vouloir bien lui en faire mes remerciements particuliers.

Signé : » DUTROSSEL,

» Major général, commandant la 4e division. »

Ce que le général dit là au maire de Poligny, il l'avait dit, avec la même précision et dès le 3, à M. de Bismarck, et on a vu le compte qu'il en avait tenu.

Le droit prend tôt ou tard sa revanche contre la force ; pour M. de Bismarck, le droit y a mis le temps, mais, pour avoir tardé, cette revanche n'a été que plus éclatante. Ce géant qui avait créé un empire, dont il semblait le maître intangible, aussi bien que de l'Europe, ce géant a été renversé par un simple acte de bon plaisir de son empereur, et il n'y a guère dans l'histoire d'acte de bon plaisir qui ait un caractère plus souverain et qui comporte un plus haut enseignement. Et cet enseignement, la victime elle-même s'est chargée de le compléter en déshonorant sa disgrâce et en montrant à quelle bassesse d'âme était allié son dur génie. Il n'a, en effet, reculé devant aucune trahison du secret d'Etat, pour essayer de frapper ses successeurs par des révélations atteignant l'honneur de la politique allemande. Il ne devra enfin de ne pas voir sombrer sa grande et fatale renommée devant un conseil de guerre qu'à un reste de pitié ou de dédain du maître qui l'a brisé. *Et nunc erudimini....*

Nous tenons à être équitables envers nos ennemis et à reconnaître que, dans cette affaire Jacquin, le tribunal militaire apporta une conscience qui ferait honneur à toutes les magistratures. Je lui avais livré le dossier de l'instruction qui ne pouvait laisser prise à aucune hésitation. L'auditeur, qui avait repris l'affaire, n'en eut pas moins recours à moi, et, à cinq reprises différentes, du 15 août au 10 octobre, époque où cette instruction n'était pas encore terminée ; il me demandait des renseignements complémentaires sur le lieu du crime et sur certaines dépositions qui lui semblaient devoir être complétées. Cette demande de concours me mit dans la plus grave perplexité. Il ne s'agissait plus d'une instruction à ouvrir, cette instruction était parachevée ; on ne demandait plus, à titre complémentaire, et par une sorte d'exagération du devoir professionnel, que des renseignemente sans portée. Il n'en semblait pas moins bien délicat de faire servir la part que je détenais de l'action publique à répondre à pareille communication. D'un autre côté, nous nous trouvions entre deux points occupés : Lons-le-Saunier et Dole ; se montrer intraitable, n'était-ce pas obliger le tribunal militaire à revenir à Poligny, et à y revenir sur un refus de concours et avec une garnison ? J'en référai au parquet qui, comprenant les conséquences que pouvait avoir un refus, m'autorisa, en raison du caractère simplement complémentaire des renseignements demandés, à les fournir, « mais à titre officieux, et comme simple particulier. » Etant en contact direct avec la masse, je connaissais, mieux que le parquet, le péril des interprétations auxquelles elle pourrait se livrer dans l'avenir. Il ne pouvait me convenir de m'exposer, pas plus comme simple particulier que comme fonctionnaire, à être un jour, et sans moyen de me justifier, accusé de connivence avec les Prussiens.

Après en avoir conféré avec le procureur général, j'exposai l'affaire au maire de Poligny, et il fut convenu que, pour ma sauvegarde, il me demanderait, par une lettre signée de lui et de ses deux adjoints, de vouloir, bien dans l'intérêt de la ville, fournir au tribunal militaire les renseignements dont il croyait avoir besoin. Le maire, que mes hésitations avaient tenu en angoisses, m'adressa la demande convenue entre nous, et dans des termes qui me donnaient pleine satisfaction.

Jacquin avait sa mère et sa femme à Poligny; son arrestation avait été, pour ces deux malheureuses, la délivrance. Elles n'en venaient pas moins me demander régulièrement de ses nouvelles. Je m'adressai à plusieurs reprises à l'état-major allemand, qui me répondait régulièrement par retour du courrier. Je faisais part aux intéressées de la substance, et non de la lettre des réponses ; elles étaient, en effet, à peu près toutes conçues dans les termes de celle du 10 octobre, que je transcris ci-après, et entre les lignes de laquelle il semblait voir se dresser le poteau d'exécution :

« Epinal, 10 octobre 1871.

» Monsieur le juge de paix, j'ai l'honneur de vous faire savoir que Jacquin est encore malade de la blessure qu'il a reçue dans sa fuite à Poligny, et que sa condamnation par le conseil de guerre aura lieu immédiatement après sa guérison. Aussitôt que le conseil de guerre aura prononcé sa sentence et que le sort de Jacquin aura été fixé, je vous en donnerai connaissance. »

Enfin, deux mois après, une dernière dépêche clôturait le drame et fixait le sort de Jacquin, mais autrement que ne l'avait arrêté l'autorité prussienne :

« Epinal, le 10 décembre 1871.

» Monsieur le juge de paix, en réponse à votre lettre du 29 septembre et à ma promesse du 10 octobre, j'ai l'honneur de vous informer que le nommé Jacquin, de Poligny, qui, le 2 août dernier, a tué un dragon prussien, s'est suicidé en se pendant dans sa chambre d'arrestation.

» Agréez, etc.

Signé : » DUTROSSEL,

» Général-major, commandant la 4e division. »

J'ai trop, et forcément, parlé de moi dans cette relation, pour que je ne sois pas autorisé à dire, en finissant, comment mes modestes services ont été reconnus. De 1871 à 1877, mes chefs m'offrirent, à plusieurs reprises, de l'avancement, voulant bien me dire qu'ils ne me considéraient pas comme étant à ma place dans une justice de paix. Je m'étais consacré, à Poligny, à d'intéressants travaux viticoles et à des études d'histoire comtoise, qui m'avaient valu, dans la région, une saine notoriété, et, à supposer que mes chefs ne se fussent pas illusionnés sur ma valeur, il ne me semblait pas de mauvais exemple que, par ce temps d'appétits effrénés, il y eût quelques fonctionnaires qui consentissent à rester supérieurs à leurs fonctions. Je demandai donc à demeurer à Poligny. D'un autre côté, j'avais le tort de penser que la vie est trop courte pour que plusieurs convictions y puissent successivement prendre place ; un chemin de Damas, qui m'aurait conduit au parti triomphant, ne me semblait pas fait pour le piéton que j'étais, estimant qu'un magistrat ne doit placer ses opinions politiques qu'à fonds perdu. Je restai donc, après 1877, ce que j'avais été avant, sans ambition ni peur. A ce premier tort j'en ajoutai un autre, qui fit scandale : n'ayant pas illuminé lors de l'avènement du maréchal de Mac-Mahon, je ne crus pas pouvoir illuminer, lorsque émergea *notre* Grévy, comme on disait alors dans le Jura.

Rien que la mort n'était capable
D'expier ce forfait. On me le fit bien voir.

Le 14 août 1879, j'étais révoqué de mes fonctions, perdant entièrement, après dix-neuf ans de services, mes droits à la retraite.

Cette exécution me valut un ensemble de témoignages qui consacrent une carrière ; le sentiment d'apaisement et de légitime fierté qu'ils m'avaient fait éprouver, je l'ai retrouvé dans ces paroles, par lesquelles le marquis de Gabriac terminait une lettre qu'il me faisait récemment l'honneur de m'écrire : « Il vaut mieux être créancier de son pays que son débiteur, et c'est bien quelque chose, dans la vie d'un homme public, que des évènements aussi douloureux que ceux que nous avons traversés ne l'aient pas trouvé inférieur à sa tâche. »

FIN

Dole. — Imprimerie COURBE-ROUZET.

www.ingramcontent.com/pod-product-compliance
Ingram Content Group UK Ltd.
Pitfield, Milton Keynes, MK11 3LW, UK
UKHW020337230726
13925UKWH00002B/839

9 782013 617949